궁궐로 떠나는
문양여행

궁궐로 떠나는 문양여행

지은이 이향우
초판 1쇄 2021년 11월 15일
펴낸곳 인문산책
펴낸이 허경희
주 소 서울시 은평구 연서로 3가길 15-15, 202호 (역촌동)
전화번호 02-383-9790
팩스번호 02-383-9791
전자우편 inmunwalk@naver.com
출판등록 2009년 9월 1일 제2012-000024호

ISBN 978-89-98259-34-1 (03910)

문화포털 소장 이미지들은 '문화포털'에서 서비스 되는 전통문양을 활용하였습니다.
이 도서는 한국출판문화산업진흥원의 '2021년 출판콘텐츠 창작 지원 사업'의 일환으로
국민체육진흥기금을 지원받아 제작되었습니다.

값은 뒤표지에 있습니다.

궁궐 건축에 숨겨진 전통 문양의 미학

궁궐로 떠나는
문양여행

이
향
우
지음

인문산책

차례

궁궐의 문양과 상징을 통한 미학 여행

중용의 도(道)를 이야기 한 "검이불루(儉而不陋) 화이불치(華而不侈)"라는 말이 있다. 검소하지만 누추해 보이지 않고 화려하지만 사치스럽지 않다는 의미이다. '검이불루 화이불치'는 백제의 미학인 동시에 한국인의 미적 정서를 한마디로 정의한 말이다. 지나침은 모자람만 못하며(過猶不及) 과공은 예가 아니다(過恭非禮)라고 했다. 그런데 참으로 쉽지 않은 일이다. 이제 그 과욕으로 무거워질 뻔한 군더더기를 버릴 줄 알았던 한국인이 만들어낸 '꾸밈'의 본질을 찾아 조선의 궁궐로 여러분과 동행하려 한다.

국왕이 거주하는 조선시대의 궁궐은 그 운영뿐 아니라 건축 체계나 규모, 그리고 꾸밈에 있어서 일반적인 미의 기준을 선도하는 최고의 정수가 모인 곳이다. 어느 시기를 막론하고 문화는 높은 곳에서 아래로 흐른다. 동양에서 중국의 문화는 인접 베트남이나 한국에 전파되었고, 한국에 전파된 문화 양식은 다시 2차적으로 일본에 전파되었다. 이러한 전파를 통해 고대 건축이나 분묘 양식 등 생활 전반에 걸친 유사성이 드러나는데, 초기의 유사성을 벗어나면 각국의 고유문화로 정착되는 과정을 거쳐 귀족층에서 서민에게까지 확산되었다고 할 것이다. 이는 서양의 예에서도 찾아볼 수 있다. 프랑스 파리의 궁정문화는 예술이나 건축양식뿐만 아니라 식생활과 의

상에 이르기까지 유행이 당시 유럽의 귀족층을 통해 전파되었고, 시간이 흐르면서 일반 서민에게까지 파급되었다.

동서양의 교류는 긴 시간을 두고 이루어지거나 교역 통로였던 실크로드를 통해 보다 빠른 시간을 두고 전파되기도 하였다. 그 예가 유리나 회회청, 또는 문양의 공통적인 상징성을 지닌 경우이다. 포도, 석류, 당초덩굴의 의미는 동서양이 다르지 않은데, 특히 중동이나 이집트 지역에서 아라베스크라고 부르는 동양의 당초 문양은 번영과 강한 생명력의 상징으로 그 의미가 같은 것을 발견할 수 있다.

서울에 있는 조선시대의 궁궐 건축은 그 규모에서부터 치장에 이르기까지 당대 한국문화의 정수를 볼 수 있는 집결체이며 궁궐 건축에 나타나는 조각과 문양은 절제된 미학의 정수를 보여준다. 문치(文治)를 숭상했던 조선 왕조는 천문의 개념으로 왕의 전각을 배치했음을 확인할 수 있다. 조선왕조가 추구했던 사상이나 이념이 그들이 궁궐 건축을 치장하는 데 사용했던 문양이나 길상문을 보면 이해하게 된다.

궁궐에서 볼 수 있는 형상은 그 어느 것 하나도 의미 없는 것은 없다. 집 이름, 문 이름, 문양 하나하나가 갖는 상징적 의미를 모르고는 우리가 그 시대정신을 이해할 수 없다. 이제 오백 년 역사 속의 그 정신을 이해하기 위해 궁궐 건축에 숨어 있는 전통 문양의 의미를 살펴보고 그 숨은 뜻을 찾아가는 여행을 해보고자 한다.

이제 궁궐을 이미 많이 알고 있다고 생각하는 여러분께 궁궐의 문양과 상징을 통해 다시 한 번 궁궐의 아름다운 내력에 빠져보시기를 권한다.

2021년 10월 양평 화양리에서
이향우

한국인의 미학과 미의식

1

고대 백제의 미의식

사람의 본성은 아름다움을 추구한다. 인간의 생존 조건인 의식주에 관한 생각에서 일차적으로 먹고사는 기본 조건이 해결되면 사람들은 자신이 입는 옷이나 생활하는 주거 공간의 꾸밈에 관심을 기울이고 공을 들인다. 꾸밈의 본능은 사람들이 동굴에서 살던 때부터겠지만, 집을 짓고 살면서 그들이 사는 공간을 치장하는 것은 시대를 불문하고 공통적인 관심사였다.

사회적 지위가 높거나 돈이 있는 사람은 더 공을 들인 장식을 하였고, 그렇지 못한 사람들도 그들의 처지에 맞게 어느 한 구석이라도 치장을 하여 자신이 사는 공간을 아름답게 만들었다. 굳이 미적 감각이 있거나 전문가적인 솜씨를 빌리지 않더라도 개인 공간을 꾸미고 싶은 생각은 누구나 할 수 있는 일이었다.

심지어 죽은 자의 공간을 아름답게 치장하는 일에 이르면 사후 세계의 존재를 믿는 사람들에게는 후대의 복록(福祿)을 위해서 그들의 조상이 머물 수 있는 음택(陰宅)을 꾸미고 가꾸는 일이 산 자의 공간을 꾸미는 일보다 더 중요한 일이었을 것이다. 우리가 고고학 발굴을 통해 드러나는 무덤 양식의 변화나 그 안에서 나오는 껴묻거리(부장품)의 예술적 가치를 따지기 이전에, 그 실체는 궁극적으로 죽은 영혼을 위한 공력과 정성으로 산 자가 복 받기를 바랐던 데서 시작되었을 것이다.

일단 외부에 노출되는 건축물은 기후나 풍습의 영향을 받는 것은 물론이고 이로 인한 시대적인 흐름까지도 그 외형이나 치장에서 읽을 수 있다. 따라서 사람들이 사는 곳의 기후에 따라 집의 형태가 달라졌고, 그 재료도 나무, 풀, 흙, 돌, 타일 또는 벽돌을 사용하기도 하였다. 그리고 현대에 와서는 한층 더 첨단화된 건축 재료와 공법으로 점점 그들이 꿈꾸던 아름다움을 향해 진화해 왔다.

시대에 따른 유행이나 인식의 차이는 있겠지만 고대부터 현재에 이르기까지 인간 누구에게나 아름다움에 대한 기본적인 욕구가 있는 것은 당연한 일이다. 한국인의 미적 정서는 아름다움을 추구하지만, 지나치게 드러나지 않으면서도 격조 있는 검박함에 있다. 검이불루(儉而不陋) 화이불치(華而不侈)는 김부식의 《삼국사기》 중 〈백제본기〉 '온조왕조'에 지은 신궁(新宮)에 대하여 언급했던 글이다.

● 十五年 春正月 作新宮室 儉而不陋 華而不侈.
(온조왕) 15년 봄 정월에 새로 궁궐을 지었는데, 검소하지만 누추해 보이지 않고 화려하지만 사치스럽지 않다.

'검이불루 화이불치'는 중용의 도를 이야기한 것이다. 그리고 이는 백제의 미학인 동시에 한국인의 미적 정서를 한 마디로 정의한 말이다. 지나침은 모자람만 못하며(過猶不及) 과공은 예가 아니다(過恭非禮)라고 했다. 그런데 참으로 쉽지 않은 일이다. 이제 그 과욕으로 무거워질 뻔한 군더더기를 버릴 줄 알았던 한국인이 만들어낸 '꾸밈'의 본질을 찾아가 보자.

● 백제 문양전

중국 남조의 영향을 받은 것으로 보이는 백제의 문양전은 1937년 충남 부여군 규암면 외리에서 발굴을 시작하여 150점이 출토되었다. 부조로 표현된 연화문, 와운문, 봉황문, 반룡문, 귀형문, 산경문, 귀형산경문, 봉황산경문 등은 한 폭의 그림을 보는 듯하다.

봉황문전(鳳凰文塼)
(보물 제343호, 백제, 국립부여박물관 소장)

산수문전(山水文塼)
(보물 제343호, 백제, 국립부여박물관 소장)

연대귀문전(蓮臺鬼文塼)
(보물 제343호, 백제, 국립부여박물관 소장)

● 백제 무령왕릉 내부의 벽면

충청남도 공주시 송산리 고분군에
있는 백제 제25대 무령왕과 왕비의
능으로 중국 남조의 영향을 받아 벽
돌무덤으로 축조하였다. 벽돌의 문
양으로는 연꽃 무늬와 인동 무늬가
장식되어 있다.

● 백제 금동대향로

(국보 제287호, 백제, 국립부여박물관 소장)

충청남도 부여군 부여읍 능산리 절터에서 발견된
백제의 향로로 용 모양 받침과 연꽃이 새겨진 몸
체, 봉래산이 솟아오른 향로 뚜껑과 뚜껑 위의 봉
황 장식이 세련미를 더하고 있다.

고대 신라의 미의식

예로부터 궁궐이나 귀족의 집은 일반 서민의 집보다 그 치장에 차등을 두었고, 신분에 따른 제약도 있었음을 문헌을 통해 확인할 수 있다.

《삼국사기》 권33 〈잡지雜志〉 '옥사조(屋舍條)'에 "진골(眞骨) 계급의 주택 담장은 석회를 발라 꾸미지 못하고, 5색의 사용이 금지된다"라는 기록이 있는데, 이는 '성골(聖骨)인 왕족의 집이나 왕궁은 석회를 발라 집을 치장할 수 있고 화려한 색으로 집을 꾸밀 수 있다'로 해석할 수 있다. 즉 신분의 차이에 따라 집을 치장하는 재료나 방식에 차등을 두고 규제를 했던 것이다.

《삼국사기》 권33 〈잡지〉 제2 '옥사조'에는 신라시대의 골품제도(骨品制度)에 의해 각 계급 간에 적용되었던 가사규제(家舍規制)가 기록되어 있다. 즉 왕족인 성골의 집은 궁궐이어서 별도의 규제가 없었으나 진골부터 일반 백성은 방의 규모와 지붕의 구조 및 장식, 단청의 사용 여부, 다듬은 돌에 의한 계단의 설치 여부, 그리고 담장의 높이와 장식의 규제에서부터 문의 구조와 실내 발의 장식 및 가구에 이르기까지 상세하게 규제 사항을 열거하고 있다.

《삼국사기》 '옥사조'의 규제 내용에 드러난 장식의 재료나 명칭 등에서 신라의 상류층은 주택에 상당한 수준의 구조와 장식을 했으며, 생활 정도나 문화 수준이 높고 사치스러웠을 것으로 짐작할 수 있다. 더구나 통일신라 이후에는 중국 당과의 교역을 통하여 중국의 수준 높은 건축

기술이 도입되어 상류 계층의 주택에 반영되었을 것으로 생각된다. 이는《삼국유사》에 보이는 금입택(金入宅)이나 사절유택(四節遊宅)과 같은 기록으로도 추측이 가능하다. 이렇게 신라 귀족의 주택이 너무 사치스러워지는 것을 막기 위해 법을 제정하여 규제한 것이 옥사조의 조항이다.

● 《삼국사기》 권33 〈잡지〉 제2 '옥사'

진골은, 방의 길이와 폭이 24자를 넘지 못한다. 당기와를 덮지 못하며, 부연을 달지 못하며, 조각한 현어를 달지 못하며, 금, 은, 황동과 오채색으로 장식하지 못한다. 계단 돌을 갈아 만들지 못하며, 3중의 돌층계를 놓지 못하며, 담에 들보와 상량을 설치하거나, 석회를 바르지 못한다. 발의 가장자리는 비단과 모직으로 수를 놓지 못하고 야초 나직의 사용을 금한다. 병풍에 수를 놓을 수 없고, 상은 대모나 침향으로 장식하지 못한다.

● **황룡사 금당 치미**

(통일신라. 국립경주박물관 소장)

치미는 새의 날개깃 모양으로 거물 지붕의 용마루 양끝을 장식하는 특수 기와이다. 양 측면에는 꽃 무늬와 사람 얼굴로 보이는 형상을 배치했다.

● 신라의 와당 문양

얼굴 무늬 수막새 지붕 기와
(보물 제 2010호, 통일신라, 국립경주박물관 소장)

월지에서 출토된 수막새 연꽃 문양
(통일신라, 국립경주박물관 소장)

풀꽃 무늬(초화문) 암막새 (통일신라, 국립중앙박물관 소장)

황룡사지 절터에서 발견된 도깨비 무늬 벽돌
(통일신라, 국립경주박물관 소장)

조선시대 집과 치장에 대한 규제

조선시대 세종 때에도 왕족과 일반 서민의 집에 대한 규모와 치장에 대한 규제가 있었는데, 그 내용이 《삼국사기》에 실린 계급에 따른 규제와 크게 다르지 않다는 것을 알 수 있다. 즉 시대를 불문하고 왕족의 거처까지도 그 위계에 따른 차등을 두었고, 이 모든 규모가 궁실의 범위를 넘어서는 것을 엄격히 규제하고 있다.

● 세종 13년(1431) 1월 12일 3번째 기사
맹사성 등과 종친의 품계, 신료들의 가옥 크기에 대해 의논하다
"…가옥의 정제(定制)에 있어 종친, 부마(駙馬)라 일컬으면 그 첩의 소생이

소박하지만 격조 있는 치장이 돋보이는 창덕궁 낙선재 영역

경주 양동마을의 무첨당(보물 제411호) 전경. 여주 이씨의 종가집으로 1490년대 지은 건물

라도 바로 비빈(妃嬪)의 소생과 차이가 없어, 전연 친소(親疎)에 따라 강쇄(降殺)되는 구분이 없으니 친척을 친애하는 그 뜻은 후하나, 그들의 후예(後裔)에까지 전해 내려가서 종친이 점차 번성하게 되면 그 폐단이 반드시 생기고 말 것이다. 복제(服制)가 다한 종친들이 친아들 친형제와 구별이 없다면 이는 매우 온당치 않으니 이를 어찌 조처하면 좋을까.”

예조에 하교하기를,

“대소 신민의 가옥이 정한 제도가 없어, 이로 말미암아 서민의 가옥은 참람하게도 공경(公卿)에 비기고 공경의 주택은 참람히 궁궐과도 같아서, 서로 다투어 사치와 화미(華美)를 숭상하여, 상하가 그 등위(等位)가 없으니 실로 온당하지 않은 일이다. 이제부터 친아들 친형제와 공주는 50칸(間)으로 하고, 대군(大君)은 이에 10칸을 더하며, 2품 이상은 40칸, 3품 이하는 30칸으로 하고, 서민은 10칸을 넘지 못 할지며, 주춧돌을 제외하고는 숙석(熟石: 다듬은 돌)을 쓰지 말 것이다. 또한 화공(花拱)과 진채(眞彩), 단청(丹靑)을 쓰지 말고 되도록 검소하고 간략한 기풍을 숭상하되, 사당이나 부모가 물려준 가옥이나 사들인 가옥, 외방에 세운 가옥은 이 제한을 받지 않는다.” 하였다.

● 조선의 문창살 문양

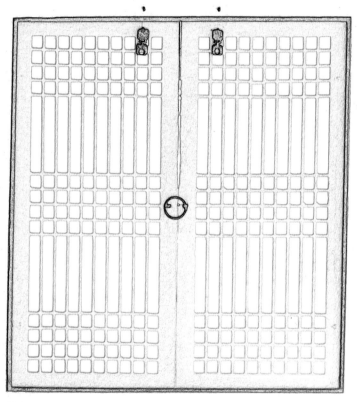

창덕궁 연경당 문창살

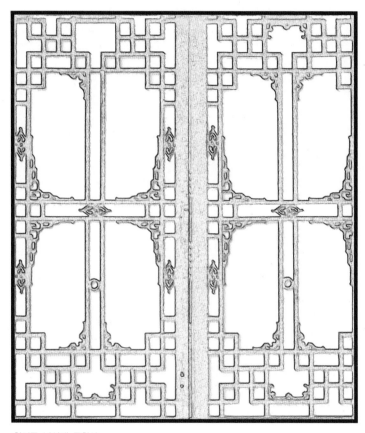

창덕궁 낙선재 문창살

경복궁 집옥재 만월창

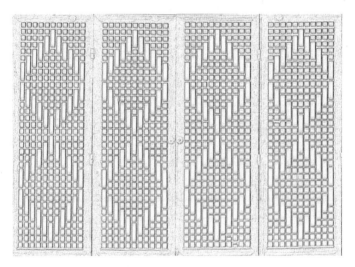

창덕궁 낙선재 문창살

창경궁 명정전 꽃창살

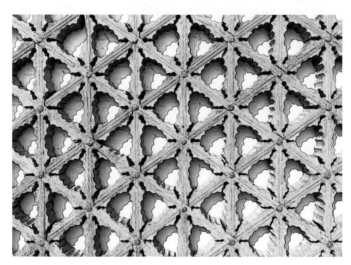

경복궁 근정전 문창살

조선 궁궐의 상징과 의미

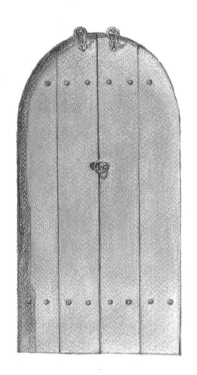

2

문치를 숭상했던 조선 왕조

국왕이 거주하는 궁궐은 그 운영뿐 아니라 건축 체계나 규모, 그리고 꾸밈에 있어서 일반적인 미의 기준을 선도하는 최고의 정수가 모인 곳이다. 조선시대 궁궐의 건축 규모를 보면 고종 때 중건된 경복궁의 전체 면적이 약 12만여 평에 달했고, 전각 규모는 본래 7,000여 칸 규모에 약 200여 동의 건물이 있었다. 정문 광화문을 비롯한 사대문과 각 전각의 꾸밈에 있어서 단청이나 석물 치장에서 어느 하나 소홀함이 없었다. 그리고 태종 때에 이궁(離宮)으로 지었으나 270여 년 조선왕조의 법궁으로 사용된 창덕궁은 지형적인 조건을 충분히 반영하여 집을 앉고 후원의 정자를 지어 조선시대 전통 정원의 아름다움을 볼 수 있는 대표적인 궁궐로 자리잡았다.

창덕궁과 창경궁은 자연적 조건을 최대한 살려 전각을 배치했기 때문에 경복궁이 갖는 구조적인 엄격함은 없으나 생활공간이 발달한 편안하고 아늑한 궁궐이다. 근대 시기에 지어진 덕수궁은 고종이 1897년 대한제국을 선포하고 근대 서양 문물을 유입하면서 궁궐 안에 전통과 서양식 건축 구조가 함께 배치되는 특성을 지닌 황궁으로서 그 건축 장식에서 또 다른 면모를 보이고 있다. 이렇듯 궁궐의 규모나 전각의 배치가 서로 다르고 그에 따른 상황도 다르지만, 전체적인 장식 수준이 당대 최고의 아름다움과 가치를 지향했다는 점을 놓쳐서는 안 된다. 그러므로 우선 조선시대의 궁궐 건축에 나타나는 상징, 그리고 전통적인 문양의 종류와 그 의미에 대해 살펴보려 한다.

조선시대 궁궐의 건축물을 말할 때 그 이름과 배치는 상징적 의미와 매우 연관성이 크다. 가령 경복궁의 정문 광화문이 갖는 방향성과 근정전에 이르는 중심축의 연결과 근정전을 중심으로 배치된 각 전각의 배치 또한 사상적 의도가 있기 때문이다. 조선 왕조는 철저히 유교를 국가 경영의 기본으로 삼았다. 따라서 궁궐의 공간 배치에서 문치를 숭상했던 유교적 이념이 엿보이고, 왕조의 첫 번째 궁궐인 경복궁 건축에 반영된 여러 요소들을 확인해 볼 수 있다.

근정문은 근정전으로 들어가는 큰문이고, 그 옆 동쪽과 서쪽에 난 작은 문으로 일화문(日華門)과 월화문(月華門)이 있다. 말 그대로 동쪽의 태양과 서쪽의 달이 상징하는 음양오행의 개념이다. 경복궁의 중심축은 우선 음양오행에서 양과 음의 개념으로 공간을 동서로 구분하고 있다. 동쪽은 양이고 서쪽은 음이다. 양은 동쪽(東), 하늘(天), 해(日), 봄(春), 남

월화문   일화문

경복궁 근정문 양쪽으로 동쪽에는 일화문, 서쪽에는 월화문의 작은 문이 보인다.

자(男), 홀수(기수: 奇數), 활기참, 밝음, 따뜻함이며, 음은 서쪽(西), 달(月), 가을(秋), 땅(地), 여자(女), 짝수(우수: 偶數), 조용함, 어두움, 차가움으로 음양의 개념에서 양은 음보다 위에 놓였다. 따라서 근정전의 조정 마당 품계석의 배치에서도 조선 왕조가 문치를 숭상한 유교적 이념을 엿볼 수 있다. 문신의 품계석은 양의 개념인 동쪽에 두고 무신은 음의 개념인 서쪽에 두어 문을 더 숭상했고, 문신은 광화문의 동쪽 협문으로 무신은 서쪽 문으로 드나들었다.

광화문은 양이고 북문인 신무문은 음의 개념에서 경복궁의 남북을 잇는 중심축이 형성된다. 음양오행의 원리에 의한 건축적 배치에서 볼 때 중심

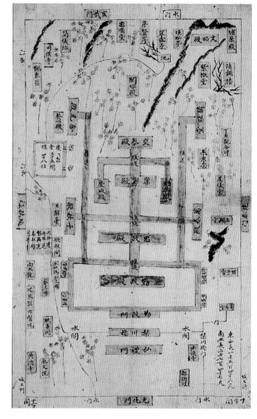

임진왜란 이전 경복궁 배치도

축이 양과 음의 영역을 나누고, 동쪽에 건춘문, 일화문, 융문루, 만춘전, 연생전, 동궁이 있고, 서쪽에 영추문, 월화문, 융무루, 천추전, 경성전, 태원전이 있다.

조선시대에는 사상적 이념으로 삼았던 유교적인 경향뿐 아니라 도교사상 또한 궁궐 곳곳에 보이는데, 궁궐 건축에 도교적인 영향이 큰 경

천원지방의 도가적 사상이 반영된 창덕궁 부용지 전경

우는 자연과 관련된 공간이었다. 경복궁의 향원지(香遠池)나 창덕궁의 부
용지(芙蓉池)처럼 궁궐 정원의 연지는 대부분 네모나고 그 가운데 섬은
둥글다. 도교사상에 의한 천원지방(天圓地方)의 이론이며, 동시에 양과 음
의 조화를 추구하는 개념이다. 하늘의 덕은 둥글고 원만한 데 있고, 땅
의 덕은 반듯하고 평평한 데 있다는 의미이다. 또한 창덕궁 후원의 돌
로 만든 불로문(不老門)은 십장생 중 하나의 의미를 지니고 있다. 이 문
안에 들어서는 사람들이 늙지 않고 오래도록 살라는 축원을 담았는데,
도교적 영향의 신신사상을 남고 있다.

천문의 개념으로 배치한 왕의 전각

자미원(紫微垣)은 북극 하늘의 중앙에 북극성이 있는 별자리이다. 고대인들은 자미원을 지상세계의 궁궐과 같다고 생각하였다. 자미원의 아래쪽에 태미원(太微垣)이 있는데, 그 중심에 오제좌(五帝座)가 위치한다. 삼태성(三台星)은 태미원에 속하는 별자리로 천하의 태평성대를 주관한다. 그래서 많은 사람들이 이 별을 숭배하였고, 여러 문헌에 자주 나타나는 별자리이다. 옛 사람들은 삼태성이 밝아지면 천하가 태평성대를 누린다고 하여 매우 중요하게 관찰하였다.

동양 천문은 제왕학을 별자리로 풀이해서 북극성을 제왕의 자리로 보고 있다. 왕이 즉위를 하는 것은 북극성의 자리에 오르는 것을 의미한다. 조선 왕조의 법궁인 경복궁도 자미원의 별자리(星座) 격국(格局)에 따라 건물이 배치되었다. 예를 들면 법전인 근정전이 북극성(北極星), 편전 영역의 사정전, 만춘전, 천추전은 삼광지정(삼태성), 강녕전의 다섯 채 전각(강녕전·연생전·경성전·연길당·응지당)은 5제좌이다.

이렇듯 옛 사람들은 우주의 원리에 사람을 일치시켜 합일하려 했다. 문양도 마찬가지이다. 형태적인 것에서 은유를 빌려 왔고, 사람의 소망하는 바를 대상 형태에 합치하여 기원을 전하고자 했다. 궁궐에 나타나는 여러 형태와 색깔, 그 형상을 이루는 재질에 이르기까지 사상적 체계를 적용하여 자연에 인간의 말을 전하려 했고, 그를 통해 소망을 이루려 했다.

자미원의 별자리에 따르면, 법전인 근정전은 북극성을 의미한다.

궁궐의 장식과 문양

　　서울에 있는 조선시대의 궁궐 건축은 그 규모에서
부터 치장에 이르기까지 당대 한국 문화의 정수를 볼 수 있는 집결체이
며, 궁궐 건축에 나타나는 조각과 문양은 절제된 미학의 정수를 보여준
다. 궁궐에서 볼 수 있는 형상은 그 어느 것 하나도 의미 없는 것은 없
다. 집 이름, 문 이름, 문양 하나하나가 갖는 상징적 의미를 모르고는
우리가 그 시대정신을 이해할 수 없다. 오백 년 역사 속의 그 정신을
이해하기 위해 궁궐 건축에 숨어 있는 전통 문양의 의미를 살펴보자.

　궁궐 건축에 쓰인 장식적인 문양의 양식은 크게 형상 무늬와 기하
무늬가 있다. 형상 무늬는 동물 문양, 식물 문양, 자연 문양 등이 있고,
기하 무늬는 삼각형, 사각형, 능형(菱形: 마름모형), 지그재그형, 원형 등
직선과 곡선이 좌우대칭과 리듬의 조형 원리에 따라 구성된다. 우리나
라 문양은 삼국시대 이래 불교적 성향과 함께 유교, 도교적인 요소가
포함되었다.

　전통적으로 나타나는 길상 문양은 다복(多福), 다수(多壽) 및 다남(多男),
다손(多孫) 등 자손 번영을 상징하는 소재가 많이 나타난다. 길상을 상징
하는 십장생 문양과 일월(日月)과 오악(五嶽)이 형상화된 문양은 회화적인
산수 풍경으로 그려져서 건축, 가구, 복식 및 기물에 다양하게 사용되고
있다. 해와 산이 십장생의 소재로 그림 배경에 그려져서 궁중 회화에 등
장하기도 하지만, 일월오악도로 한정되는 경우에는 국왕과 왕실의 권위
를 나타내는 상징물로 특정한 공간에만 배치되는 특수성이 있다.

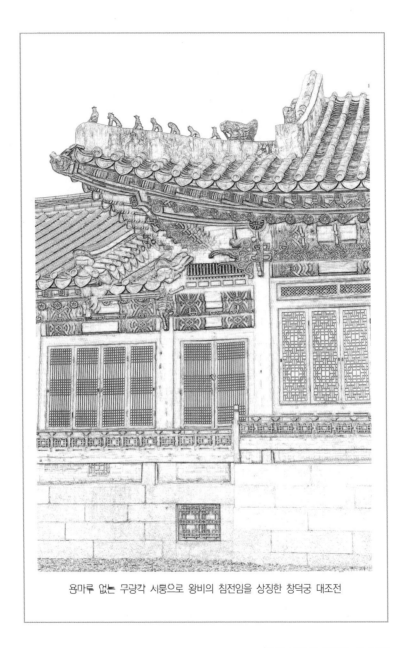

용마루 없는 무량각 시붕으로 왕비의 침전임을 상징한 창덕궁 대조전

궁궐 건축에 보이는 전통 문양의 종류

이제부터 궁궐 건축의 전통 문양을 다음과 같이 분류하여 살펴보고, 그 의미를 통해 그곳에 살았던 옛사람들의 소망을 읽어보도록 하자.

1. 형상 무늬 : 식물, 동물, 자연 형태의 사물을 형상화한 무늬

   ① 식물문 : 매화문, 모란문, 난초문, 국화문, 대나무문, 복숭아문, 국화문, 연화문, 석류문, 포도문, 불수감문, 당초문, 불로초문, 호리병문, 초화문(풀꽃문), 오얏꽃문(이화문), 태평화문

   ② 동물문 : 용문(나티), 봉황문(주작), 박쥐문, 두꺼비문, 불가사리문, 코끼리문, 기린문, 학문, 원앙문(오리), 잉어문(물고기)

   ③ 십장생문 : 해, 구름, 산, 바위, 물, 사슴, 학, 거북, 소나무, 불로초

   ④ 곤충문 : 나비(벌)문, 거미문

   ⑤ 자연문 : 구름문, 태극문

2. 기하 무늬 : 직선이나 곡선의 교차로 이루어지는 추상적인 무늬

   귀갑문(龜甲文: 석쇠문), 뇌문(雷文: 회문, 번개문), 고리문(連環文), 만자문(卍字文), 바자문, 빙렬문(氷裂文), 방승문(方勝紋)

3. 길상문자문(吉祥文字文) : 장수나 행복의 좋은 일을 상징하는 문자 무늬

   강녕(康寧), 기쁠 희(喜), 만년장춘(萬年長春), 만수무강(萬壽無疆)

● 경복궁 아미산 굴뚝과 담장의 전통 문양

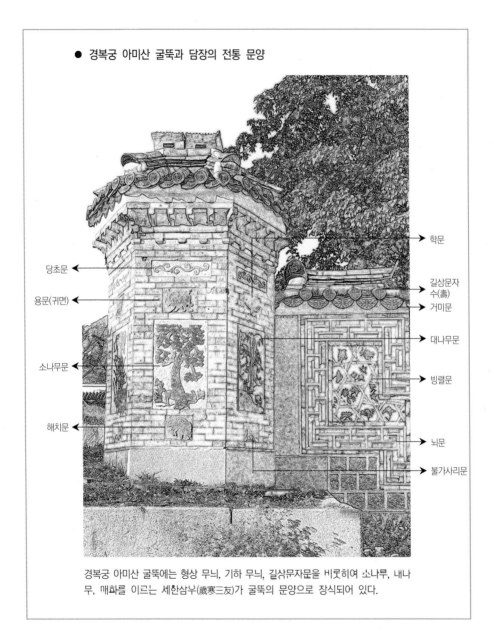

당초문

용문(귀면)

소나무문

해치문

학문

길상문자
수(壽)

거미문

대나무문

빙렬문

뇌문

불가사리문

경복궁 아미산 굴뚝에는 형상 무늬, 기하 무늬, 길상무자문을 비롯하여 소나무, 내나
무, 매화를 이르는 세한삼우(歲寒三友)가 굴뚝의 문양으로 장식되어 있다.

● 잡상

(문화포털 소장)

지붕의 잡상

　　　　궁궐 건축을 둘러보며 제일 먼저 눈에 들어오는 잡
상들은 하늘을 응시하며 왕의 궁궐을 지키고 있다. 궁궐 건축에만 나타
나는 잡상은 지붕 추녀마루를 장식하는 토우의 일종으로 하늘로부터
오는 악귀의 침입을 막기 위해 두었다. 이들은 《서유기西遊記》에 나오는
인물들과 토신(土神)상으로 제일 앞에 있는 인물은 당나라의 고승 현장
(삼장법사)이고, 이어서 손오공, 저팔계, 사오정의 순이다. 이들이 궁궐의
지붕에 있는 이유는 인도 천축국(天竺國)으로 가서 불경을 구해 당나라로
오기까지의 길고 힘든 여정에서 세상의 모든 악귀를 물리친 가장 힘센
무리이기 때문이다.

중국의 잡상 명칭이 선인, 용, 봉황, 사자, 해마 등 도교적 성격과 길
상 동물로 구성된 데 비해 조선 궁궐의 잡상은 벽사의 의미가 강하다.
유교를 기본 이념으로 하여 건국한 조선 왕조의 궁궐에 불교적 요소인
삼장법사와 손오공 일행이 궁궐을 지키는 것이 일련 모순으로 보일 수
도 있겠으나, 처음 조선 왕조 초기 궁궐에 설치된 잡상이 중국의 경우
처럼 도교적 성격을 띠던 것이 순조 이후 소설《서유기》가 유행하면서
그 명칭이 악귀 퇴치의 벽사적인 의미로 차용된 것으로 생각한다. 잡상
을 이루고 있는 나머지 형상의 이름에 대해서는 일률적이지 않고 같은
것이 겹쳐지는 경우도 있다. 《어우야담於于野談》에는 이들을 대당사(大唐
師), 손행자(孫行者), 저팔계(豬八戒), 사화상(沙和尙), 마화상(麻和尙), 삼살보
살(三煞菩薩), 이구룡(二口龍), 천산갑(穿山甲), 이귀박(二鬼朴), 나토두(羅土頭)
등으로 불렀다.

조선 궁궐 지붕 위의 잡상은 벽사의 의미가 강하다

● 중국 자금성의 잡상

기봉선인(騎鳳仙人)

| 해마 | 천마 | 사자 | 봉 | 용 |

| 행십(원숭이) | 두우 | 해치 | 입어 | 산예 |

● 한국 경복궁의 잡상

취두

토수

용두

손행자

저팔계

사회상

마화상

대당사(삼장법사)

삼살보살

이구룡

천산갑

이귀박

'취두'는 지붕의 가장 높은 용마루 끝을 장식하는 용머리 모양의 장식 기와이다.

취두

용두

토수

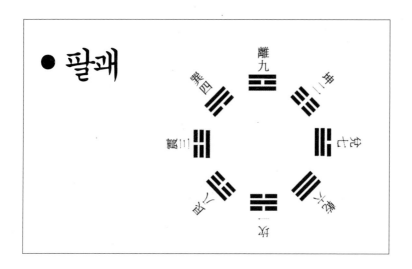

궁궐 건축에 나타나는 팔괘

팔괘(八卦)는 동양에서 유래한 동아시아의 역(易)과 관련된 기호체계로 천지 삼라만상의 본질과 변화를 나타낸다. 팔괘는 건(乾 ☰) 곤(坤 ☷) 진(震 ☳) 손(巽 ☴) 감(坎 ☵) 이(離 ☲) 간(艮 ☶) 태(兌 ☱)를 기본으로 하며 각각 하늘, 땅, 번개, 바람, 물, 불, 산, 늪이라는 자연 현상을 상징한다. 우리나라 태극기에는 하늘과 땅[건곤乾坤], 물과 불[감리坎離]을 상징하는 4괘가 들어 있다. 궁궐 건축에 보이는 팔괘는 형상이 크게 드러나지 않고 그 의미를 차용하기 위해 설치하는 경우가 많은데, 방향을 표시하기 위한 것이거나 불을 예방하기 위한 벽사의 의미로 감괘(☵)를 지붕 망와에 두는 경우이다.

창덕궁 연경당의 선향재 지붕 추녀 끄트머리에 놓인 망와를 보면 팔괘 중 감괘(☵)가 새겨져 있다. 감괘는 이 집의 추녀 네 곳과 용마루 끝 양쪽에 모두 여섯 군데에 설치되었는데, 이렇게 감괘를 지붕의 곳곳에 둔 이유는 감괘가 물(水)을 상징하기 때문에 화재를 예방하기 위한 장치이다. 이 집이 이미 물에 잠겨 있는 집이므로 화재가 일어나도 불에 타지 않는다는 벽사의 의미이니 전각에 연꽃을 그리고 연봉을 설치하는 이유와 같다.

지붕 기와의 추녀 끝에 설치하는 토수(吐首)를 물고기 모양으로 하는 것도 화재를 예방하기 위한 이치이다. 토수란 지붕 추녀의 사래가 비바람에 노출되어 썩는 것을 막기 위해 사래마구리에 끼우는 특수 형태의 기와이다.

● 토수

궁궐 처마 모서리에 돌출된 물고기 형상의 토수가 보인다. 토수는 추녀에 빗물이 들이쳐 썩는 것을 방지하는 역할을 한다. 궁궐 건축에서는 용이나 잉어의 형상으로 만들어졌다.

광화문 여장의 팔괘

광화문의 여장(女墻: 성벽 위에서 전투시 공격과 수비를 위하여 규칙적으로 총구 높낮이 변화를 둔 낮은 담장)에는 팔괘 문양을 장식하였는데, 이는 주나라 문왕의 후천팔괘도(後天八卦圖)로 유교적 이상사회를 꿈꾸는 조선 궁궐의 특성을 잘 반영하고 있다.

팔괘는 하늘(天, ☰)·땅(地, ☷)·불(火, ☲)·물(水, ☵)·못(池, ☱)·우레(雷, ☳)·바람(風, ☴)·산(山, ☶)으로 구성되어 있다. 광화문을 정면으로 바라보는 위치에서 동쪽부터 시계 방향으로 문양이 배치되어 있는데, 남쪽에는 손(巽)·이(離)·곤(坤), 서쪽에는 태(兌), 북쪽에는 건(乾)·감(坎)·간(艮), 그리고 동쪽에는 진(震)이 장식되어 있다. 특히 남쪽을 바라보는 광화문의 가운데 홍예에는 불을 상징하는 삼리화괘(三離火卦), 이(離, ☲)를 배치했다.

이름	표상	자연	선천방위	후천방위
건(乾)	☰	하늘(天)	남	서북
곤(坤)	☷	땅(地)	북	서남
진(震)	☳	우레(雷)	동북	동
손(巽)	☴	바람(風)	서남	동남
감(坎)	☵	물(水)	서	북
이(離)	☲	불(火)	동	남
간(艮)	☶	산(山)	서북	동북
태(兌)	☱	못(澤)	동남	서

● 광화문 여장 둘러보기

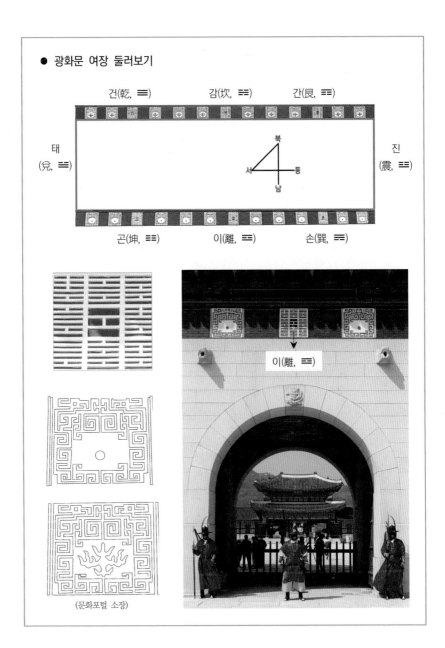

건(乾, ☰)　　　　감(坎, ☵)　　　　간(艮, ☶)

태
(兌, ☱)

진
(震, ☳)

곤(坤, ☷)　　　　이(離, ☲)　　　　손(巽, ☴)

이(離, ☲)

(문화포털 소장)

교태전의 지천태

교태전(交泰殿)처럼 아예 집 이름에 괘가 포함되어 있는 경우도 있다. 경복궁 왕비의 침전 교태전의 이름에서 교태(交泰)란 천지, 음양이 잘 어우러져 태평성대를 이룬다는 뜻이다. 교태전의 이름은 주역의 64괘 중 가장 길하고 이상적인 태괘(泰卦, ䷊)에서 유래했다. 태괘는 땅이 위에 있고, 하늘이 아래에 있어 지천태(地天泰)라고 부른다.

여기에서 ☰(건乾)은 양효(陽爻)이고, ☷(곤坤)은 음효(陰爻)로써 태괘(地天泰)를 형성한다. 태괘의 형상은 음인 곤(坤)괘가 위에 있고 양인 건(乾)괘가 아래에 있다. 지천태는 원래 자리로 내려오려는 땅의 음기와 위로 상승하려는 하늘의 양기가 만나 서로 교감하여 소통이 잘 조화되는 상이다. 땅·여자·어두움의 상징으로 정적인 성질을 가진 음과 하늘·남자·밝음의 상징으로 동적인 성질을 가진 양이 가장 잘 교합할 수 있

경복궁 교태전 부벽화 동쪽에 그려진 원숭이 가족 (국립중앙박물관 소장)

는 형상을 하고 있다.

원래 교태전 대청의 동서 양 벽면에는 부벽화가 붙어 있었는데, 1917년 창덕궁 화재로 대조전이 불에 타자 교태전을 옮겨 지으면서 종이에 그린 부벽화를 따로 보관하였다. 이 교태전 부벽화는 2021년 국립중앙박물관에서 적외선 촬영으로 그림의 상태를 과학적으로 분석한 후 복원 처리하여 일반에게 공개되었다.

부벽화의 구성은 동쪽에 새끼를 거느린 원숭이 일가족이 반도(천도복숭아)를 따먹는 장면이고, 서쪽에 장미, 목련 등 각종 화려한 꽃들 사이로 금계, 앵무, 참새 등이 화려하게 그려져 있다. 원숭이와 반도는 왕실의 불로장생을 의미하고, 화려한 꽃과 반드시 암수 한 쌍이 등장하는 새들의 모습은 부부 금슬이 좋은 화목한 가정을 상징한다. 왕실 사람들도 여느 민간의 백성들처럼 무병장수하고 화목한 가정을 원했을 터이고, 왕비의 침전 교태전에 걸었던 부벽화는 그들의 일상적 소망을 보여주고 있다.

경복궁 교태전 부벽화 서쪽에 그려진 각종 꽃과 새들 (국립중앙박물관 소장)

제왕의 권위를 상징하는 용

용(龍)은 실존하지 않는 상상의 동물이다. 중국의 문헌《광아廣雅》〈익조翼條〉에 묘사된 용의 모습은 실재할 수 없는 인간의 상상력을 형상화하고 있다.

"용은 인충(鱗蟲: 비늘이 있는 동물의 총칭) 중의 우두머리로서 그 모양은 머리는 낙타(駝)와 비슷하고, 뿔은 사슴(鹿), 눈은 토끼(兎), 귀는 소(牛), 목덜미는 뱀(蛇), 배는 큰 조개(蜃), 비늘은 잉어(鯉), 발톱(爪)은 매(鷹), 주먹(掌)은 호랑이(虎)와 비슷하다. 아홉 가지 모습 중에는 9·9 양수(陽數)인 81개의 비늘이 있고, 그 소리는 구리로 만든 쟁반(銅盤)을 울리는 소리와 같고, 입 주위에는 긴 수염이 있고, 턱 밑에는 명주(明珠: 여의주)가 있고, 목 아래에는 거꾸로 박

경복궁 사정전의 〈운룡도〉

힌 비늘이 있으며, 머리 위에는 박산(博山: 공작 꼬리 무늬같이 생긴 용이 지닌 보
물)이 있다."

용은 물에서 나고 그 색깔은 오색(五色)을 마음대로 변화시키는 조화
능력으로 높이 오르고자 하면 구름 위로 치솟아 하늘을 날며 비를 다룰
줄 알았다. 비를 다룬다는 것은 고대 농경 사회에서 대단히 중요한 능
력이었으므로 사람들은 용이 물에서 태어나 궁극에는 하늘에 올라 신
비한 힘을 부린다고 상상했다. 용은 제왕의 권위와 직결되는 의미로 왕
은 늘 용에 비유되었다. 왕의 어좌를 용상이라 불렀고, 왕의 평상복은
용포라 했다. 용상은 용 조각을 둘러 장식했으며, 왕의 복식에는 어깨
와 가슴에 봉을 수놓은 용보가 부착되어 그 의미가 더욱 강조되었다.
이처럼 용은 왕의 지위를 상징하는 최고의 덕목을 고루 갖춘 존재로 상상을 통해 그 모습이 형상으로 만들어지고 그려졌다.

전설에 의하면 용은 모두 81개의 비늘을 몸에 지니고 있는데, 이는 양수 중에 가장 큰 극양(極陽)의 수 9가 두 번 겹친 수(9·9 = 81)를 의미한다. 81개의 비늘 중에는 턱밑에 한 자 정도 되는 거꾸로 난 비늘 한 개가 있는데, 이를 역린(逆鱗)이라고 부른다. 용은 평소에는 군왕의 위엄과 너그러움을 지녔으나, 용의 역린을 잘못 건드리는 자는 죽음을 면치 못했다. 이는 왕의 심기를 거스르는 행위를 의미했다.

태조 어진의 곤룡포에 그려진 용문

태조 어진
(국보 제317호, 전북 전주시 경기전 어진박물관소장)

집옥재와 환구단의 용

동양문화권에서는 고대로부터 용(龍), 봉황(鳳凰), 기린(麒麟), 거북(龜)을 신성한 동물로 여겨 사령(四靈)이라 부르면서 신령과 통하는 길상의 상징으로 생각하였다. 특히 이들 사령 중에서도 용은 사람들의 풍부한 상상력을 통해 형상화된 전설의 동물이다. 인간들에 의해 그려진 용의 모습은 사슴의 뿔과 말의 얼굴, 메기의 수염, 닭의 발톱, 뱀의 몸통, 물고기의 등지느러미, 물고기의 꼬리 등 여러 동물의 특징을 한 몸에 지니고 있다. 용은 용주(龍珠)를 지녔는데, 바람을 일으키고 비를 부르며 자유로이 몸을 변화시킬 수 있는 신성한 힘을 가진 동물로 그려졌다.

동양인의 생활 미술 속에 빼놓을 수 없는 중요한 동물로 신성시되어왔던 용은 황제나 왕에 비유되어 왕권을 상징하며, 각기 다른 성격과 능력을 지닌 모습으로도 나타난다. 실재하지 않으면서 오히려 인간의 끊임없는 상상력을 통해 천태만상의 모습으로 천변만화의 능력을 가진 동물이 동양문화권의 용이다. 따라서 정전 월대의 답도나 정전 내부의 소란반자 등 왕이 위치하는 곳에는 용을 두어 왕권을 상징했다.

고종은 1863년 어린 나이에 즉위하여 4년간 신정왕후의 수렴청정을 받았고, 이후 생부 흥선대원군의 영향력 아래 있었으나, 재위 10년이 지나자 스스로 친정에 나섰다. 건청궁을 짓고 1880년대 이후 고종은 본격적인 친정체제에 들어갔으며, 그 시기에 지은 집옥재 지붕과 벽면에도 용 장식을 배치함으로써 왕권 강화의 의지를 내보였다. 집옥재 취두

● 경복궁 집옥재 지붕 둘러보기

집옥재의 취두

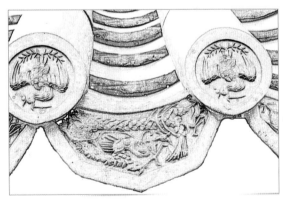

경복궁 집옥재 지붕 막새기와의 용문과 봉황문

환구단 삼문의 천장 용문

(鷲頭)를 용으로 올려놓은 것은 이러한 정치적 분위기를 보여주고 있다.

1897년 10월 12일 새벽 두 시, 환구단에서 올린 천신제(天神祭)는 하늘에 대한제국 황제의 즉위를 고하는 제사였다. 이날 고종은 문무백관을 거느리고 환구단에서 대한제국의 출범을 하늘에 고하는 첫 제사를 지내고 황제위에 올랐다. 황제만이 제사를 지낼 수 있는 환구단에는 삼문(三門)의 계단 답도에 쌍룡(雙龍)이 조각되어 있다. 또한 덕수궁의 모태인 경운궁 중화전의 답도와 내부 천장 닫집에도 쌍룡을 설치하여 황제의 권위를 나타내는 동시에 전제 황권과 근대적인 법치주의 국가를 지향한 고종의 뜻을 보여주고자 했다.

환구단 삼문

환구단 삼문의 계단 답도에는 오조룡이 조각되어 있다.

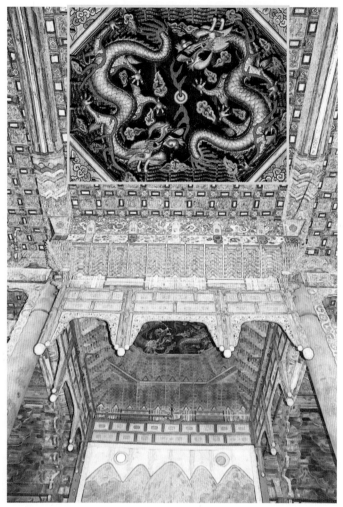

덕수궁 중화전 천장과 닫집 보개에 장식되어 있는 오조룡

오조룡과 칠조룡

　　　　　궁궐 법전의 우물천장 한가운데를 약간 높이고 감실처럼 만든 후에 작은 첨차를 올려 화려하게 짜 올려 장식한 부분이 있는데, 이를 보개천장이라 부른다. 보개천장의 기원은 귀한 사람의 머리 위에 씌웠던 우산인 산개(傘蓋)에서 비롯되는데, 궁궐 법전의 보개천장 한가운데에는 왕권을 상징하는 황룡이나 봉황을 조각하여 설치했다. 그리고 경복궁 근정전의 보개천장에는 금박을 입힌 목조 부룡(浮龍) 한 쌍이 있는데, 근정전이 무소불위의 지엄한 왕이 주관하는 공간임을 말하고 있다. 근정전 천장을 하늘에 비유하여 여의주를 희롱하는 황금 용 두 마리가 오색구름 속에 하늘을 향해 날아오르는 형상이다.

　　　고종 4년(1867) 9월 14일 경복궁 중건 당시 어탑 위와 어칸 위에 쌍룡을 설치했다는 기록이 《경복궁 영건일기》에 보인다. 이 《경복궁 영건일기》의 기록은 현재 근정전의 칠조룡에 대한 유일한 언급이다. 용은 저마다 그 격이 있어서 황제나 제왕의 용은 다섯 개의 발톱을 가진 오조룡(五爪龍)으로 그려졌다. 황궐로 중건한 덕수궁 중화전 어칸과 어좌 위의 닫집에는 오조룡이 설치되어 있다. 일반적으로 용 문양은 사용하는 사람의 권위와 직결되는 것이라서 용을 표현할 때 발톱(발가락) 수로 그 위계를 구분했다. 보통은 오조룡이나 사조룡이 왕과 왕세자의 기물에 사용되었고, 근정전 천장 어칸에 있는 칠조룡은 가장 권위가 높은 용으로 해석되었다.

　　　그러나 조선시대에 황제나 왕을 용에 비유하여 오조룡을 적용했다면,

경복궁 근정전의 칠조룡

경복궁 근정전의 칠조룡에 대해서는 왕권을 상징하는 의미와는 다른 해석이 필요하다. "근정전 월대 서수 조각의 배치에 대해 (조선시대의 천문 개념에 의한) 28수를 사방 7수로 월대에 놓았다"라는 《경복궁 영건일기》에 드러난 기록이 그 근거이다. 그동안 사방신과 12지로 해석해 왔던 근정전 월대의 서수 조각의 의미가 28수의 별자리 배치를 나타낸 것이고, 그와 함께 천원 한복판에 해당하는 근정전 천장 보개에 칠조룡을 설치한 것으로 추측할 수 있다. 따라서 근정전의 칠조룡은 월대를 에워싸고 있는 서수와 함께 시공간을 초월한 천문의 개념으로 해석한다.

조선시대에 사용한 용 문양으로 제례 공간인 창덕궁의 선원전과 환구단의 황궁우에는 여덟 개의 발가락을 가진 팔조룡으로 설치되었다. 팔조룡의 발가락을 모두 하면 32개가 된다. 용 자체를 하나의 하늘로 보아 33천의 개념인가? 지금까지도 용에 대한 해석은 참 신비하고 어렵다.

● **경희궁 숭정전의 칠조룡** (동국대학교 정각원 소장)

동국대학교 정각원 보개천장에는 경희궁 숭정전의 칠조룡이 있고, 내부 천장의 우물반자에는 화려한 용(龍) 무늬 단청을 올렸다. 보개천장에 있는 칠조룡의 몸체를 조각한 비례는 근정전의 칠조룡만큼이나 늘씬한 자태를 보여준다. 조선시대 칠조룡을 설치했던 궁궐의 법전은 경복궁 근정전과 경희궁 숭정전 두 군데이다. 《경복궁 영건일기》에는 28수의 별자리 배치를 근정전 월대의 서수로 나타내고 천원 한복판에 칠조룡을 설치했다고 하는데, 경희궁 숭징전(현재의 정각원)의 칠조룡도 이와 같은 개념으로 해석할 수 있다.

용준

　　예로부터 왕의 권위와 신성함을 상징하는 용 문양
은 궁궐의 건축에만 나타나는 것이 아니라 왕실에서 사용하는 그릇이
나 기물에서도 볼 수 있다. 왕실 궁중 의례에서 화준(花樽)으로 사용된
것으로 추정되는 백자 청화 항아리에 용 문양이 보인다. 화준은 왕실
연회나 잔치를 열 때 비단과 모시, 밀랍 등으로 만든 대형 채화(綵花)를
꽂아 연회장에 놓는 꽃항아리이다.

　　18세기경 만들어진 '백자 청화 구름 용
무늬 항아리'의 문양들을 살펴보자. 항아
리의 몸통에는 여의주를 희롱하는 오조룡
구름 속을 날고, 입구 부문에는 운문당초
를 두르고, 어깨 부분에는 영지버섯 모양
의 여의두문(如意頭文)을 둘렀다.

　　왕실에서는 용준(龍樽)을 왕의 자리인 어

좌 주변에 두어 왕실의 위엄을 높이고, 궁중 잔치의 격식을 보여주었
다. 왕과 왕세자를 비롯한 일부 왕실 가족들은 용준을 사용하였고, 그
보다 신분이 낮은 사람들은 무늬가 없는 사준(沙樽)을 사용하도록 하여
도자기를 통해 왕실 내 위계를 나타내었다.

● 백자 청화 구름 용 무늬 항아리

(조선시대, 국립중앙박물관 소장)

운문당초문

여의두문

구름문

용으로 불을 제압하는 장치

2000년부터 문화재청이 경복궁 근정전을 해체 수리하는 대대적인 보수공사에 들어갔는데, 이때 근정전의 상층부를 해체할 때 상량문과 함께 발견된 유물 중 아주 흥미로운 것이 나타났다. 작은 '용(龍)' 자 천 개를 써서 큰 '수(水)' 자 형상을 만든 진홍색 장지가 두 장 발견되었다. 그리고 역시 붉은색 장지에 먹으로 그린 용 그림 한 점, 육각형의 각 모서리에 '수(水)' 자를 음각한 은판 다섯 개가 있다. 용 자 천 개로 만든 수 자는 용으로 물을 다스려 화마를 막기 위한 벽사의 장치였던 것이다. 목조 건물에서 가장 무서운 것이 불이었기에 용이 물을 다스리는 치수(治水)의 의미를 차용한 것이다. 옛사람들이 화마(火魔)로부터 건물

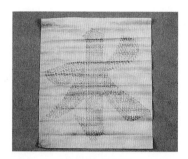

'水' 자를 쓴 장지

'水' 자문 육각형 은판

을 보호하기 위한 부적으로 용 그림과 수 자 문양 장지 외에 수 자가 새겨진 은판을 상량의식 때 근정전의 상층부 중도리 장여에 홈을 파고 넣은 뒤, 뚜껑을 만들어 닫아 설치했던 것이다. 《경복궁 영건일기》 1867년 (고종 4년) 2월 9일)

경복궁 중건 당시 대원군에게 최고 주안점은 화재 예방이었다. 곳곳에 수로를 파고 물을 담은 '드므'를 배치했을 뿐만 아니라 주술적인 방법도 동원했다. 《경복궁 영건일기》에는 이러한 화재 예방을 위한 갖가

지 방법적인 실행을 기록으로 남기고 있다. 1866년 1월 6일, 남쪽에 있는 화산(火山)의 기를 누르기 위해 관악산 꼭대기에서 숯을 만들어 근정전과 경회루 주변에 묻고 관악산 정상에 우물도 팠다. 그리고 7월에는 서쪽으로 냈던 경회루 연못의 수로 입구를 관악산 화기를 막기 위해 남쪽으로 바꾸고 청동으로 용을 만들어 경회루 연못에 집어넣었다. 불을 피하기 위해 건물 현판을 검은 바탕에 금색(金色)으로 썼다.(《경복궁 영건일기》 1867년 4월 21일)

실제로 1997년 경복궁 경회루의 못을 준설할 때 동으로 만든 용이 출토되었다. 정학순의 《경회루전도》에는 동으로 만든 용 두 마리를 못 북쪽에 넣었는데, 오행사상에 의하면 불을 억제하기 위한 것이라고 기

경복궁 경회루 전경

경회루 연못에서 출토된 용 (국립고궁박물관 소장)

록하고 있다. 대원군이 놋쇠로 만든 용 두 마리를 경회루 못 속에 넣은 이유는 오행의 금생수(金生水: 쇠가 물을 살린다)에 해당하기 때문이다. 물과 불을 능히 다스리는 용을 넣은 것은 생성되는 물로써 불을 제압하려는 의미이다.

그러나 이런 비보(裨補)에도 불구하고 경복궁 중건 당시 여러 차례의 화재로 목재가 불타고 지어놓은 전각이 소실되는 등 막대한 재정적 손실을 막을 수는 없었다. 1867년 2월 9일 근정전 상량문을 올리던 그날 영추문과 건춘문 쪽 목재 창고와 인부 숙소에 불이 나버렸다. 한 달 뒤인 3월 5일 심야 화재로 공사중이던 전각 수백 칸이 사라졌고 목재도 불탔다. 1876년에는 완공된 경복궁에 또다시 큰 화재가 일어났다. 전각 830여 칸이 연달아 불길에 휘감겨 순식간에 여러 전각(殿閣)이 몽땅 재가 되었으며, 열조(列朝)의 어필(御筆)과 옛 물건은 하나도 건지지 못하고 대보(大寶)와 세자의 옥인(玉印) 외에 모든 옥새와 부신(符信)이 전부 불탔다. (《고종실록》 1876년 11월 4일)

용을 품은 어정

경복궁 강녕전 뒤편 서쪽 영역에는 커다란 어정(御井)이 있다. 사람들은 이곳에서 물을 퍼 올리는 일반적인 우물을 생각하겠지만, 무거운 삿갓 돌 뚜껑을 씌운 것으로 보아 평소에 식용수로 쓰였을지는 의문이다. 절에 있는 우물이나 연못이 용이 사는 용궁의 개념으로 해석되듯이 왕을 의미하는 상징적인 용의 존재를 강녕전의 어정에 두었을 것으로 생각한다. 즉 왕과 용의 일체사상을 우물의 형태로 시현했다고 해석할 수 있다.

어정의 원형으로 된 몸통은 태극을 의미하며, 우물 가장자리의 바닥에 팔각 테두리를 두른 것은 우주의 팔괘를 형상화한 것이다. 그리고 팔각 테두리 돌에는 기둥을 세웠던 구멍 흔적이 있어서 우물을 가리던 팔각 정자를 세웠던 것으로 보인다.

경복궁 강녕전 뒤편에 위치한 어정

● 봉황문

태평성대에만 나타나는 상서로운 새

봉황은 새 중의 으뜸으로서 고귀하고 상서로운 새로 기린, 거북, 용과 함께 사령(四靈)의 하나로 여겼다. 봉황은 주조(朱鳥), 단조(丹鳥), 규화조(叫火鳥) 등 여러 이름으로 불린다. 수컷을 봉(鳳), 암컷을 황(凰)이라고 하는데, 그 생김새는 문헌에 따라 조금씩 다르게 묘사되어 있다. 《설문해자說文解字》나 《악집도樂汁圖》 등 옛 문헌에서 묘사하는 봉황의 모습으로는 키는 6척 가량이고, 닭의 머리에 제비의 부리를 가졌으며, 뱀의 목과 용의 몸통, 기린의 날개와 물고기의 꼬리, 그리고 원앙새의 깃을 갖추고 온몸에 화려한 오색(五色) 빛을 띤다고 하였다. 또한 봉황이 울 때는 다섯 가지 묘음을 내고, 몸은 다섯 가지 문자의 상

창덕궁 인정전 우물천장 반자의 봉황문

(像)을 지니고 있는데, 머리는 덕(德), 날개는 순(順), 등은 의(義), 배는 신(信), 가슴은 인(仁)의 상이다. 이처럼 봉황은 여러 상서로운 형상으로 상상하여 만들어낸 모습을 하고 있다.

봉황은 동방 군자의 나라에서 나와서 사해(四海)의 밖을 날아 곤륜산(崑崙山)을 지나 지주(砥柱)의 물을 마시고, 약수(弱水)에 깃을 씻고 저녁에 풍혈(風穴)에 자는데, 이 새가 세상에 나타나면 천하가 크게 안녕하다고 했다. 사람들은 봉황이 항상 도(道)가 있는 나라에 출현하며, 임금이 하늘을 감동시키면 봉황이 나타난다고 말했다.

그래서 사령 중에서도 봉황은 예로부터 용과 함께 상서로움과 권위의 상징으로 그려졌다. 뭇 새들의 왕인 봉황은 전설 속의 신조(神鳥)로 암수가 함께 나타나 오동나무 숲에 깃들고, 대나무 열매를 먹으며, 산 것을 먹지 않고 신령한 샘물을 먹으며 산다. 봉황은 단혈산에 살고 있다고 했는데, 봉황이 산다는 단혈이라는 곳은 바로 조양(朝陽)의 골짜기로 조양은 곧 아침의 태양을 맞이하는 길운의 징조를 상징한다. 또 '봉황이 조양에서 울었다'라는 표현은 신하의 충직한 직언을 의미한다. 봉황은 덕망 있는 군자가 천자의 지위에 오르면 나타나고 난세가 되어 세상이 어지러워지면 사라진다고 했다. 이와 같이 봉황은 태평성대를 예

창덕궁 대조전 부벽화 〈봉황도〉 (국립고궁박물관 소장)

고하는 상서로운 영물로 여겨져서 궁궐의 문양으로 많이 사용되었다.

봉황을 조각으로 묘사했을 때는 주작과 크게 구분하기 어렵다. 그러나 그림으로 표현하면 봉황은 주로 황금색을 띠는 상서로운 새로 그려져서 그 화려함으로 궁중의 기물을 장식하기도 하고 단독으로 그려지기도 한다.

창덕궁의 대조전이 1917년 불 탄 후 다시 짓고 나서 대청마루 동쪽에 상서로운 태양과 함께 날아오르는 봉황을 그려서 벽면을 장식했다. 비녀 머리에 봉을 새긴 것을 봉잠(鳳簪)이라고 하고, 봉미선(鳳尾扇)은 봉황새의 꽁지 모양으로 만든 부채이다.

봉잠 (국립고궁박물관 소장)

경복궁 집옥재 벽면의 봉황문 (문화포털 소장)

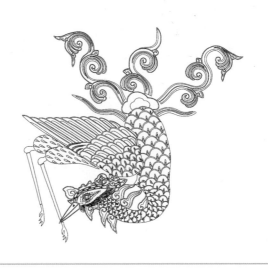

경복궁 집옥재 천장의 봉황문

창덕궁 인정전 커튼 박스 위의 봉황문 (사진 황은열)

봉황이 춤을 추고 태평성대가 열리다

　　　　　　용이 날고 봉황이 춤춘다는 뜻의 용비봉무(龍飛鳳舞)
라는 말이 있다. 용과 봉황의 춤은 하늘의 문을 두드려　태평성대의 시
작을 알리는 세상에서 가장 아름답고 상서로운 춤이다. 창경궁 명정전
천장의 중앙에 설치한 보개(寶蓋)에 봉황 한 쌍이 날고 있다. 단청색 바
랜 명정전 천장의 반자마다 연꽃 문양이 그려져 있고, 천장의 한복판에
설치한 보개천장을 보면 오색구름 사이를 춤추며 날고 있는 봉황의 자
태가 유독 아름답다. 서로를 바라보며 구름 사이를 날고 있는 명정전
봉황의 유연한 자태는 봉황무(鳳凰舞)의 백미이다. 대부분 상하 반전의

대칭 구도에 나타나는 작
위적이고 딱딱한 봉황의
동세와 비교했을 때 명정
전 봉황 조각은 훨씬 자
연스럽고 우아하다. 이와
짝을 이루 듯 명정전 월
대의 봉황 조각 역시 다
른 궁궐의 답도 조각에
비해 그 동세 표현이나
조각 기법이 뛰어나게 아
름답다.

창경궁 명정전 보개천장의 봉황

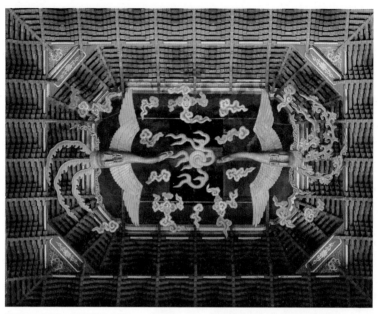

창덕궁 인정전 보개천장의 봉황 (사진 황은열)

  창덕궁 인정전의 보개천장에도 황금빛 날개를 가진 봉황 한 쌍이 있
다(65쪽 그림 참조). 보개천장은 천장의 가운데를 높게 파서 그 띄운 공간
에 왕을 상징하는 용, 봉황을 장식하는 구조를 말한다. 천장 높은 곳에
서 오색구름 속을 날고 있는 봉황의 모습은 하늘을 나는 서상(瑞相)으로
인정전 어좌를 비추고 있다. 그리고 우물천장 반자에는 격간(格間)마다
한 쌍의 봉황 단청이 그려져 있어서 인정전에는 온통 봉황이 하늘을
가득 채우고 있다.
  궁궐의 법전은 왕이 공식적인 행사를 주재하는 곳이다. 이곳에 봉황
이 날고 있다는 것은 하늘이 내린 상서가 왕과 함께하고 있음을 의미한

다. 어질고 밝은 정사를 펼쳐 태평성대를 열고 백성을 편안케 하려 했던, 임금의 덕성과 나라의 안녕을 염원하는 장치가 봉황으로 그려진 것이다. 그러기에 국왕은 항상 하늘을 공경하고 두려워하는 마음으로 민생을 살피는 일이 중요하다는 것을 잊지 않아야 했다.

용과 봉황의 춤은 태평성대의 시작을 알리는 가장 아름답고 상서로운 춤이다.

● 닫집

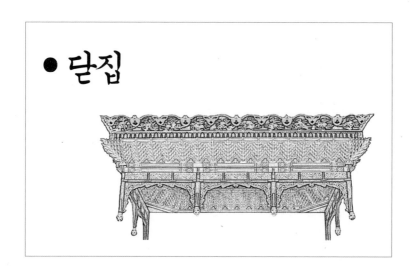

닫집의 연봉

정전의 용상 위에는 불상의 머리 위에 설치된 것과 비슷한 작은 집 모형의 구조물이 있는데, 이를 닫집이라고 부른다. 닫집은 왕권의 존엄을 나타내기 위해 공포를 짜 올려 화려하게 만들고, 보개 천장에는 한 쌍의 황룡이나 봉황을 조각하여 설치한다. 닫집 공포 아래에는 짧은 헛기둥이 달려 있고, 그 끝에는 연봉(蓮峯)이 거꾸로 매달려 있다. 이는 물에 잠긴 연꽃의 형상으로 화재를 예방하고자 하는 벽사의 의미가 있다. 그리고 궁궐 전각 천장의 청판에는 연꽃 문양 단청이 많이 보이는데, 이는 연꽃이 원래 물에 사는 꽃이므로 그 집이 물속에 잠겨 있음을 암시하여 화재를 예방하려는 벽사의 의도를 엿볼 수 있다.

● 덕수궁 중화전 당가

〈중화전 영건도감의궤 中化殿永建都監儀軌〉, 서울대학교 규장각 한국학연구원 소장

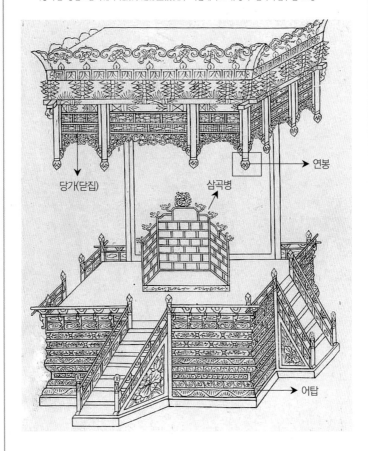

당가(닫집)

삼곡병

연봉

어탑

정전 내에서도 가장 신성하고 권위적인 공간이다. 당가는 불교에서는 닫집으로 불리는
데, 불상이 안치되어 있는 공간의 지붕 부분을 지칭한다. 궁궐에서의 당가는 왕이 임어
하는 어좌 위이 천장에 따로 설치한 전체 공간을 말한나.

창경궁 명정전 어좌 위의 닫집과 가운데의 보개천장

창덕궁 인정전의 닫집과 어좌

● 삼곡병과 일월오봉병

용상의 꾸밈

　　궁궐 정전의 용상은 어탑 위에 높게 설치되어 있고, 어좌에 오르는 계단은 앞뒤 좌우 모두 4개이다. 어좌의 팔걸이와 등받이를 투각 기법으로 화려하게 꾸미고 있는 문양은 용과 연꽃, 모란이다. 정전 어좌의 팔걸이와 등받이는 여러 가지 문양을 투각 기법으로 화려하게 꾸민다. 어좌 뒤에는 용, 연꽃, 모란을 투각 기법으로 조각한 나무 삼곡병(三曲屛)을 두른다. 그리고 삼곡병 뒤에 일월오봉병(日月五峰屛)을 두르는데, 이렇게 어탑의 어좌 뒤에 설치하는 오봉병은 그 화폭이 상당히 큰 대형 병풍이다. 임금이 앉는 중앙의 어좌 뒤편으로는 그림 폭을 반듯하게 펼치고 양옆으로 약간 접어서 설치한다.

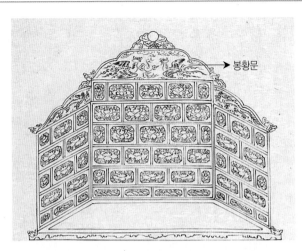

봉황문

창덕궁 인정전 영건 당시의 삼곡병 상부에 조각된 봉황문
〈인정전 중수도감의궤 仁政殿重修都監儀軌〉, 서울대학교 규장각 한국학연구원 소장

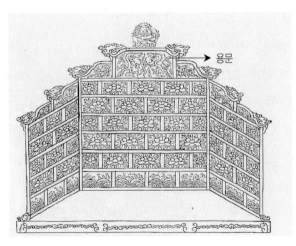

용문

덕수궁 중화전 삼곡병 상부에 조각된 용문
〈중화전 영건도감의궤 中化殿永建都監儀軌〉, 서울대학교 규장각 한국학연구원 소장

경복궁 근정전 어좌의 삼곡병과 일월오봉병 (사진 원본 황은열)

일월오봉병은 정전의 용상과 왕의 집무실인 편전 어좌 뒤에도 설치되고, 왕이 궁궐 밖으로 거둥할 때에도 따라다녔다. 그뿐 아니라 왕이 승하했을 때 신주를 모시는 혼전, 왕의 어진(御眞)을 봉안하는 선원전이나 경기전 같은 진전에도 일월오봉병을 설치했다. 1921년 창덕궁에 건립된 신선원전의 12개 감실(龕室)에는 팔첩 오봉병과 협폭(挾幅) 오봉병이 당가(唐家) 안에 배치되어 있다. 또한 조선시대 국왕이 참석한 각종 행사의 그림 속에 왕의 모습을 그리지는 않지만 왕이 앉는 자리에 화중화(畵中畵)의 형식으로 오봉병을 그려 국왕의 자리를 표현하고 있음을 볼 수 있다.

어좌의 용문 (국립고궁박물관 소장)

〈기사경화첩 耆社慶會帖〉은 1744년 51세 영조가 기로소(耆老所: 정2품 이상 70세 이상 문신들을 우대하여 설치한 기구)에 들어간 것을 기념하여 제작한 계첩(契帖)으로 이 그림 속에 오봉병을 그려 왕의 자리를 표현한 그림이 보인다. (국립중앙박물관 소장)

경복궁 근정전의 일월오봉병을 보면 중간 지점에 경첩과 문고리가 달려 있다. 임금이 편전에서 정전으로 이동할 때 정전 뒤편의 문으로 들어와서, 어탑의 북쪽 계단을 밟고 일월오봉병에 난 문을 통해 어좌에 올랐을 것으로 추측하는 견해도 있으나 확실치 않다. 덕수궁 중화전의 일월오봉병에도 이와 같은 문고리가 보인다.

일월오봉도(日月五峰圖)는 또 사용되는 장소나 용도에 따라 크기나 병풍의 제작 방식을 달리하는데, 한 폭의 큰 화면에 오봉도를 그려 액자 형태의 나무틀을 두르고 별도의 받침대에 끼워 세우는 병풍을 삽병(揷屛)이라고 한다. 삽병은 이동이 간편하기 때문에 궁중 연회나 가리개 장식용으로도 많이 사용되었다.

→ 경첩과 문고리

경복궁 근정전의 일월오병봉의 중간 지점에 경첩과 문고리가 보인다.

● 일월오봉도

조선 최고의 궁중화

일월오봉도(日月五峰圖)는 화려한 진채화풍(眞彩畵風)으로 그려진 조선 최고의 궁중화로 우리나라에만 있는 매우 독특한 형태의 회화이다. 일월오악도(日月五嶽圖) 또는 일월곤륜도(日月崑崙圖)로도 불렸던 일월오봉도는 조선 사람의 우주관을 드러내는 상징이며 기호였다.

왕이 어좌에 남면(南面)하고 앉았을 때를 기준으로 푸른 하늘의 왼편(동쪽)에 붉은 해가 오른편(서쪽)에는 흰 달이 다섯 개의 봉우리를 비치고 있고, 붉은 줄기의 소나무와 양쪽 계곡에서 쏟아지는 내리 꽂히듯 힘찬 폭포가 물보라를 만들고 산 아래 넘실대는 파도가 펼쳐져 있다. 일월(日

月)은 해와 달은 의미하고 만물을 생성하는 태극의 출발점이며 양과 음의 개념이다. 오봉산은 오악(五嶽)을 상징하는데, 중앙의 산을 동서남북 네 방위의 산들이 에워싸고 있으며, 모든 산은 중악(中嶽)에 포용되고 따르는 형국이다. 오악은 우리나라 한반도 동악의 금강산, 남악의 지리산, 서악의 묘향산, 북악의 백두산, 중악의 삼각산이다. 일월오악도에는 파도를 그려서 정사를 펼치는 조정을 의미했는데 바다의 파도 '조(潮)'와 조정(朝廷)의 '조(朝)'의 발음이 같은 데서 유래했다.

그런 점에서 일월오봉도는 한국 전래의 오악신앙(산신신앙)에 그 배경을 두고 있으며, 왕의 절대적 권위에 대한 칭송과 왕조의 무궁한 번영을 기원하는 그림이다. 일월오봉도의 해, 달, 오악, 소나무, 폭포, 파도는 천계(天界), 지계(地界), 생물계의 영원한 생명력의 표상으로 조선 왕조가 여러 신의 보호를 받아 자손만대까지 번창하라는 사상을 나타낸 것이다. 일월오봉도의 도상에서는 왕을 해와 달, 산과 소나무에 비유하여 일월처럼 밝아 만물을 환히 비추고(편조: 遍照), 산처럼 굳건하며, 소나무처럼 변함이 없이 푸르러서 영원무궁토록 왕조가 번창할 것을 기원하는 상징으로 어좌의 뒤에 두르는 것이다.

이렇게 볼 때 일월오봉병 설치의 본래 의미는 왕의 존재와 직결되어 있다. 임금의 두터운 덕이 빛처럼 골고루 구석구석에 스며드는 다스림을 덕치라고 한다. 즉 일월오봉병을 두르고 왕이 어좌에 앉아야만 비로소 임금의 덕치로 세상을 밝게 하려는 의미가 완성되는 것이다.

어탑의 변형

이러한 큰 의미에도 불구하고 일제 강점기에 어탑 (御榻)은 서양식으로 변형되는 수난을 겪었다. 지금의 창덕궁 인정전의 어좌는 일월오봉병을 높이 두르고 그 아래에 사령을 둘렀다. 어좌를 정면으로 보았을 때 배경 병풍이 2단으로 보인다. 이는 1907년부터 1908년 사이에 일본인 건축가들에 의해서 창덕궁 인정전 내부가 서양식으로 개축되던 때의 흔적으로 개조 당시 어탑 위의 어좌와 일월오봉도가 제거되었다. 일제는 어탑을 제거한 뒤 마룻바닥에 서양식 암체어를 놓고, 그 뒤에 사령을 그린 병풍을 두르고 그 위로 종이에 그린 봉황도를 걸었다. 봉황은 전통의 궁중 회화 기법이 아닌 서양식 표현 기법으로 그려졌다. 어좌가 바닥에 내려오면서 나라 잃은 조선 왕실의 껍데기뿐인 체면마저도 바닥으로 떨어졌고, 인정전은 임금의 어진 정사가 펼쳐지는 법전이 아닌 한낱 파티장이 되었다.

요즘 우리가 보는 일월오봉도에는 붉은 해와 흰 달이 그려져 있다. 그런데 선조 23년(1590) 창경궁 문정전에 도둑이 들어 어좌의 일월경(日月鏡)과 문장(門帳)을 도둑맞아 용의자를 체포하라는 명령이 있었다. 이 실록 기사를 볼 때, 원래 일월오봉도는 지금 우리가 보는 붉은 해와 흰 달로 그려지는 것이 아니라 금속판을 오려 금니(金泥)와 은니(銀泥)로 칠해 걸어두던 것이 후대에 변화한 것으로 보인다. 1900년대 초기의 근정전 사진 중 어좌 뒤 일월오봉병의 해와 달이 금속판으로 보이는 사진도 있어 일월경의 실체를 증명하고 있다.

1907년 창덕궁 인정전의 변형된 모습

인정전 봉황도

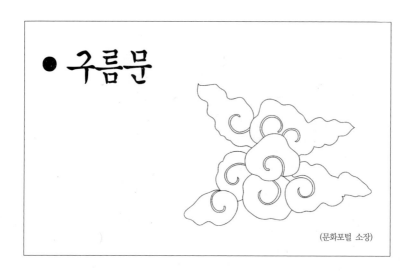

소맷돌의 구름 문양

정전에 이르는 어도(御道)의 연장선상에 있는 어계의 소맷돌은 화려한 구름 문양으로 조각된 것이 많다. 각 전각에 딸린 월대는 기능적으로는 전각 내부가 확장된 공간으로 쓰이는 경우가 많은데, 여름철의 습기를 방지하는 역할도 한다. 그러나 무엇보다 월대의 의미는 집주인의 지위에 대한 상징성이다. 따라서 왕의 전각에 딸린 월대는 정면과 양 측면과 뒷면까지 계단을 갖추어 그 위엄을 상징한다. 근정전과 덕수궁 중화전은 4면에 모두 계단이 있다.

그런데 이들 계단 중 어도가 연결되는 곳의 어계 소맷돌 면석에 조각된 구름 문양의 의미는 구름 위를 지나는 왕의 신성성이다. 구름은 하늘 높이 떠 있지만, 지상의 낮은 계단에 장식된 구름 문양은 그 위쪽 공간을 구름 위의 집, 즉 운상각(雲上閣)으로 상징하기 위한 차용(借用)이다. 왕은 구름 위를 지나 천상의 세계에 이르고 그곳에서 천상의 정치를 실현한다는 의미이다.

정전의 월대에 오르는 어계에 설치된 어간석(답도)의 용이나 봉황이 구름 속에서 여의주를 희롱하며 노는 문양 역시 같은 의미로 해석될 수 있다. 창덕궁 인정전 어계 소맷돌 면석의 구름 조각도 아름답고, 주합루(宙合樓)의 어수문(漁水門)으로 들어가는 계단 소맷돌에도 구름 조각이 있다. 특히 주합루 계단 면석을 가득 채운 꽃구름은 주합루를 천상의 상서로운 공간으로 상징하기 위한 장치이다.

구름 문양은 당초 문양과 어울려 다양한 형태로 나타나기도 하고 꽃 모양이나 십자운의 형태 등 다양하다. 또한 마루 집 하방을 받치는 운판이나 난간 장식의 구름 문양은 그 집의 주인을 신선으로 만드는 풍류를 연출해내기도 한다. 경회루나 창덕궁 후원 정자 낙양각의 화려한 조각은 운문 당초의 아름다운 표현으로 볼 수 있다.

창덕궁 인정전 서쪽 소맷돌 면석의 구름문

창덕궁 주합루 계단 소맷돌 면석의 구름문

창덕궁 대조전 계단 소맷돌 면석의 구름문과 태극문

일제강점기 경희궁 숭정전 석계 측면 (국립중앙박물관 소장)

경희궁 숭정전 서쪽 계단 소맷돌의 구름문과 석수 (문화포털 소상)

종묘 신실에 설치한 운궁

　　　　　　종묘의 남문에서 정전을 바라보면 그 길고 긴 정전
건물이 높은 월대 위에 우뚝 서 있는 모습에서 초월적인 신성성을 느끼
게 한다. 종묘 월대는 궁궐의 전각에 딸린 월대보다 훨씬 커서 그 자체
가 대단한 구조물로 제례가 펼쳐지는 매우 신성한 공간이다.

　동쪽 월랑 밑의 가운데 계단 소맷돌에 생생한 꽃구름 조각은 종묘가
천상(天上) 세계에 있는 신들의 공간이라는 표현과 아주 잘 맞아떨어지
는 장치이다. 신령께서 구름을 타고 오색 무지개다리를 건너 정전 월대
의 천상에 이르러 정전 내부의 신실에 혼령이 깃든다. 역대 제왕과 왕
비의 신주를 모신 신실 전면 위에는 닫집을 설치하고 닫집에는 화려한

오색구름을 새겨 운궁(雲宮)을
만들었다. 그리고 닫집 밑의
신주장 앞에는 발을 드리우고
앞쪽으로 황색 명주 면장을 쳐
서 마치 신령이 쉬는 침전같이
꾸몄다. 왕릉 정자각을 오르는
계단 소맷돌의 구름 문양도 같
은 상징성을 띠고 있다.

종묘 정전 상월대 소맷돌의 구름 문양

음과 양의 조화, 태극

태극(太極)은 양의와 음의가 서로 맞물려 회전하는 형상으로, 태극의 둥근 테는 하늘을 상징하고 모든 우주 만물의 생성이 태극에서 비롯된다는 동양적 우주관에서 출발한다. 태극은 자연의 존재 구조와 작용을 일정한 체계로 설명한다. 주돈이(周敦頤, 1017~1073)의 〈태극도설太極圖說〉에 따르면, 태극이 음양을 낳고 음양이 5행을 낳는다는 구도로 음양오행을 이해했다. 즉 태극에서 출발한 음양과 5행의 결합에 의하여 만물이 생성하고 법칙에 따라 움직이고 항상 변화하는 자연관을 사람늘은 순리로 받아들였고, 우주의 운행체계가 발전과 번영을 영원히 계속한다고 믿었다. 이렇게 만들어진 논리가 태극론이고, 그 내용을 상징적으로 표현한 문양이 태극 도형이다.

경복궁 근정전 소맷돌 면석의 이태극

태극은 하늘이고 우주이며 천지가 개벽하기 이전의 상태로 우주만물을 구성하는 가장 근원이 되는 본질을 뜻한다. 주역에 의하면, 음양의 본체라 하였으니 하늘과 땅을 비롯하여 천지만물의 근원이다. 이중 이태극(二太極)은 가장 기본적인 음양의 개념으로 우리나라 태극기에 나타나는 도형이다. 이태극에 날개 하나가 더해진 것이 삼태극(三太極)이다. 천지인(天地人) 삼재의 한 요소로서 인간을 태극에 포함시킨 것은 인간이 천지의 합체이고 소우주라는 인식을 바탕으로 하고 있다.

태극을 국정 체제에 연관지을 때 사람들은 천자의 통치가 음양오행에 의한 자연관을 제대로 따를 때에 비로소 사회의 안녕과 질서가 유지될 수 있다고 했다. 조선의 국왕들은 안으로는 천도와 합일하는 성인의 도리(聖人道理)를 터득하고, 밖으로는 만백성을 향한 임금의 덕치(德治)를 펼치는 이상을 실현하기 위해 애썼다. 궁궐 도처에 장식된 태극 문양은 임금이 깨우쳐야 하는 천도를 드러내고 늘 그에 대한 일깨움을 주는 상징이었다.

궁궐 건축의 태극문

종묘 영녕전 남문 신방목의 삼태극

태극 문양은 궁궐 전각의 계단 소맷돌이나 종묘의 문 아래를 받치는 **신방목(信防木) 등에서 많이 보인다. 특히 계단의 소맷돌 머리 문양으로 삼태극 문양을 볼 수 있는데, 하늘과 땅과 사람을 일컫는 천지인 삼재로 해석한다. 태극 문양은 이렇게 둥근 형태의 건축 부재를 장식하는 데 주로 쓰이는데, 경복궁의 근정전 월대 계단 답도에 나타나는 태극은 좀 특이한 경우이다. 답도의 봉황문 조각에 한 쌍의 봉황이 구름 속에 노닐고 그 한 가운데에 서기를 내뿜는 보주(여의주)가 있는데, 자세히 보면 이 보주의 형태가 태극 형상이다. 보주와 태극이 결합된

** **신방목 삼태극**
문짝을 달기 위해 방형의 문틀을 문얼굴이라고 부른다. 문얼굴은 양쪽에 세워 대 주는 문설주와 문설주를 위아래로 연결하는 문상방과 문하방 밑에 흡사 호루라기 모양 같은 것이 건물의 기둥을 초석(주춧돌)이 받치듯 문설주에 두는 받침목을 신방목이라 한다. 즉 문을 여닫을 때 문틀과 문설주의 흔들림을 방지하는 보호 기능을 하는 것이 신방목인데 역대 왕의 신주를 모신 종묘 정전의 남문과 동문에 적·청·황 삼색으로 된 삼태극이 그려졌다. 태극 문양은 이밖에도 경복궁의 건춘문과 신무문, 창덕궁 돈화문, 창경궁 홍화문 등 궁궐 건축 곳곳에서 볼 수 있다.

이 상징 문양이 하늘의 이치를 의미하는 태극과 봉황의 의미로 임금이 깨닫고자 했던 덕치의 표명에서 서로 조화와 상생의 상서(祥瑞)를 나타내고 있다는 해석을 할 수 있다. 일반적으로 나타나는 계단 소맷돌의 태극은 근정전이나 강녕전 월대에 설치된 돌계단의 소맷돌 양면에 태극 문양이 새겨져 있는 것 같은 경우이다.

창경궁 명정전 계단의 태극 문양은 이태극으로 아래쪽에 구름 문양이 태극을 받들고 면석의 십자 구름으로 이어지는 형상이다. 이것이 태극 문양이 하늘의 구름과 함께 어우러져서 태극이 하늘, 즉 우주의 섭리와 조화를 나타내는 원리로 해석할 수 있다. 대부분 계단 소맷돌의 태극 문양은 이렇게 구름 문양과 조화를 이루는 형상으로 그려진다.

창경궁 명정전 어계의 소맷돌

(문화포털 소장)

창덕궁 주합루의 어수문 돌계단과 신방목의 태극문

창덕궁 주합루의 어수문 돌계단에도 태극 문양이 구름 조각과 함께 새겨져 있고, 어수문 신방목에
는 적·청·황 삼색의 삼태극이 장식되어 있다. 주합루 일대에 태극 문양은 위로는 천상으로 통
하고 아래의 땅에 이르기까지 천지 사방의 공간을 하나로 융합한나는 수합(宙合)의 의미와 맞닿아
있음을 의미하는 것이다.

● 어수문 문양 둘러보기

주합루로 올라가는 어수문(魚水門)은 궁궐의 문으로는 그리 크지 않지만 매우 아름다운 문이다. 어수문을 치장하고 있는 여러 문양을 살펴보면, 문을 오르는 계단 양옆의 소맷돌 면석에 구름을 조각하여 선계에 오른다는 의미를 부여했다. 기둥 신방목의 삼태극 문양은 우주 생성의 과정을 상징하고, 넓은 의미로는 길상(吉祥)과 축복의 뜻으로도 사용한다. 어수문 기둥 옆의 여모판(廉隅板)에 길게 세로로 조각한 당초 문양은 추운 겨울을 이기고 다시 살아날 뿐만 아니라 새순을 만들어 끊임없이 뻗어나가기 때문에 번영과 장수를 상징한다. 어수문의 창방 아래에는 도교의 칠보 문양을 청판에 투각하여 이 닫집 전체를 빙 둘러 장식하고, 그 안쪽 문틀 위에는 오색구름에 둘러싸인 청룡과 황룡이 보주를 희롱하고 있다. 문 이름 '어수'와 함께 삼태극, 구름, 당초 덩굴, 쌍룡, 도교의 칠보 문양 등은 부용지 일대를 선경으로 표현하기 위한 장치들이다.

어수문 소맷돌의 구름문, 태극문, 방승문

태극문과 당초문

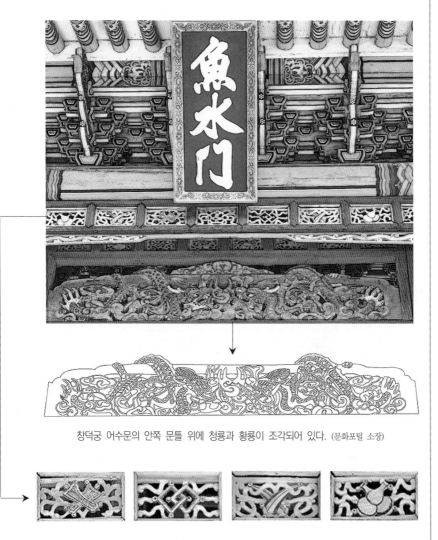

창덕궁 어수문의 안쪽 문틀 위에 청룡과 황룡이 조각되어 있다. (문화포털 소장)

어수분 질보 문양 중 파초선, 방승, 서각, 호리병

물과 달의 형상이 태극과 음양의 이치다

창덕궁 존덕정의 보개천장에는 청룡과 황룡이 어우러져 있어 이 정자의 격을 짐작할 수 있고, 북쪽 창방 위에는 정조가 쓴 글이 걸려 있다. 글의 제목은 〈만천명월주인옹자서萬川明月主人翁自序〉로 그 내용은 '만개의 개울이 달빛을 받아 빛나고 있지만 하늘에 있는 달은 오직 하나이다'라는 뜻이다. 정조가 자신을 달에 비유하여 달빛이 만개의 개울을 고루고루 비추듯 만백성을 보살피겠다는 애민사상과 개혁 군주로서의 정치관을 읽을 수 있다. 정조는 치밀하고 능동적이며 강인한 군주로서의 면모를 어제(御製) 〈만천명월주인옹자서〉

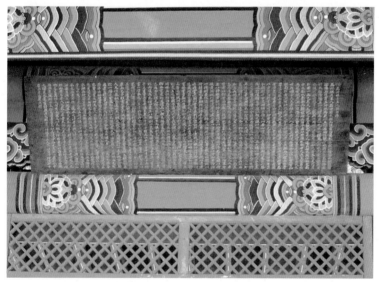

창덕궁 존덕정에 걸려 있는 정조의 어제 〈만천명월주인옹자서〉

를 통해 보여주고 있다.

● 만천명월 주인옹은 말한다.

"태극(太極)이 있고 나서 음양(陰陽)이 있으므로 복희씨(伏羲氏)의 점사는 음양으로써 이치를 밝혔고, 음양이 있고 나서 오행(五行)이 있으므로 우 임금의 홍범(洪範)은 오행으로써 치도(治道)를 밝혀 놓았다. 물과 달의 형상을 보고서 태극, 음양, 오행의 이치와 꼭 같음을 깨달을 수 있었다. 달은 하나인데 물의 종류는 일만 가지가 된다. 물이 달빛을 받으면 앞 시내에도 달이요, 뒤 시내에도 달이 있게 되니, 달의 개수는 시내의 수와 같아 시내가 만 개라면 달도 역시 만 개가 된다. 그러나 하늘에 있는 달은 본디 하나일 뿐이다."…

왕은 재위 20여 년 만에 구천(九天)의 문이 열리듯 앞이 탁 트이고 훤 하여 누구라도 머리만 들면 시원스레 볼 수 있게 되었고, 태극이 양의 (兩儀)를 낳음에는 태극은 본디 태극이고, 양의가 사상(四象)을 낳음에는 양의가 태극이 되고, 사상이 팔괘를 낳음에는 사상이 태극이 된다. 왕 은 말했다.

"내가 바라는 바는 성인을 배우는 것이다. 그 물의 큰 근본을 총괄하 여 말한다면 달의 정기(精氣)이다. 그래서 나는 물이 세상 사람들이라면 비추어서 나타내는 것은 사람의 형상이며, 달이 태극이고 태극이 바로 나임을 알았다."

무오년(1798년, 정조 22년) 12월 3일, 정조가 승하하기 2년 전에 쓴 글 이다.

● 방승문

(문화포털 소장)

마름모형이 엮인 방승문

　　방승문(方勝紋)은 두 개의 능형(마름모형)이 서로 엮인 형태로 중첩되어 있는 형상이다. 능형이 서로 맞잡고 연결되어 있듯이 마음을 함께하여 서로 떨어지지 않는다는 의미를 지니고 있어서 방승문은 모든 문양 중에 가장 상서로운 의미를 갖는다고 했다.

　　방승문은 도교적인 칠보 문양과 함께 궁궐 현판의 테두리 문양에 많이 보인다. 특히 방승문은 그 형태적 구조가 건축재의 결구를 보강해주는 역할로 궁궐 건축 여러 곳에 장식적 역할과 함께 쓰이고 있다. 어수문의 계단에서부터 풍혈(風穴)판의 투각에서 방승문이 보이고, 존덕정의 투각에서도 볼 수 있으며, 낙선재 문창살에서도 볼 수 있다.

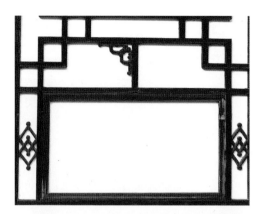

창덕궁 낙선재
문창살의 방승문

창덕궁 어수문과
존덕정 풍혈판의
방승문

창덕궁 어수문 계단
소맷돌의 방승문

● 오얏꽃문

자두꽃이 황실의 문장이 되다

오얏꽃은 우리나라 토종 자두꽃인데 '이화(李花)'라는 이름으로 대한제국 황실 문장에 두루 사용되었다. 황실 문장의 구성은 오얏꽃을 매우 간결하게 정형화하여, 다섯 개의 꽃잎을 좌우대칭으로 배치하고 각각의 꽃잎에 세 개의 꽃술을 일정하게 배열한 것을 기본 형태로 한다. 오얏꽃 문양(이화문)은 조선 말기에도 궁궐 장식과 화폐에 표현된 예가 일부 보이지만, 대한제국 설립 이후에 공식적인 황실 문장으로 창덕궁 인정전과 덕수궁 석조전 등의 건축물, 새롭게 제정된 훈장과 군복, 황실 공예품에 사용되었다.

조선시대 말의 격변기에 순종이 창덕궁으로 이어한 1907년 무렵부

창덕궁 희정당 현관 낙양각 중앙에는 오얏꽃 문양 중심으로 연화당초문을 치장했다.

터 창덕궁의 전각은 서양식 변형과 함께 국권을 침탈당한 흔적을 남기기도 했다. 그중 인정문과 인정전 지붕 용마루의 오얏꽃 문양은 원래 조선 황실의 문장이었으나, 일제강점기에 일본 왕이 그들의 귀족에게 내리는 가문의 문장으로 왜곡되어 우리 궁궐의 문양으로 등장하였으므로 그 의미를 짚어둘 필요가 있다.

창덕궁 부용지 동편 수조의 이화 문장

특히 대한제국의 황궐이었던 덕수궁의 석조전, 덕홍전, 정관헌과 마지막 황제인 순종이 기거하였던 창덕궁 곳곳에 이화 문장을 볼 수가 있다. 창덕궁 희정당 현관의 금박 오얏꽃, 창경궁 대온실의 출입문, 부용지 동편의 수조 옆에도 이화 문장이 조각되어 있다.

● 전각 지붕 위 오얏꽃 문양

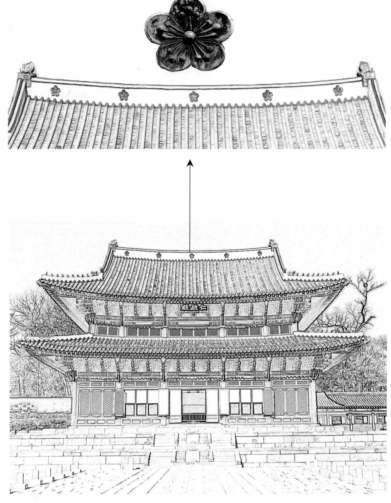

창덕궁 인정전 용마루의 오얏꽃 문양

104

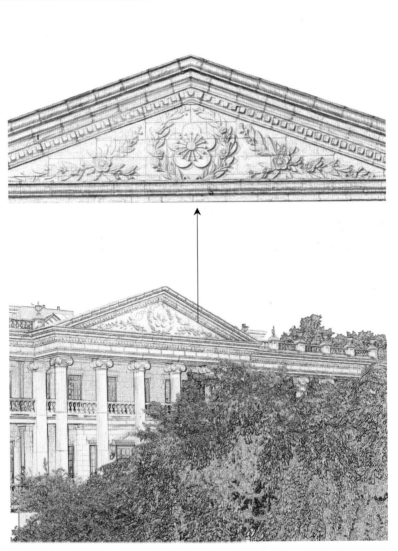

덕수궁 석조전 박공의 오얏꽃 문양

창경궁 대온실 출입문의 오얏꽃 문양

● 황실의 생활공간 속 오얏꽃 문양

오얏꽃 문장은 대한제국 황실과 황족만이 사용할 수 있었으며, 황족의 생활공간과 생활
용품 등에까지도 널리 사용되었다.

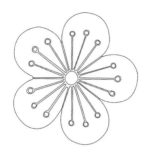

오얏꽃문 (문화포털 소장)

오얏꽃문 잔과 받침대

덕수궁 덕홍전 문틀 위의 오얏꽃문

덕수궁 석조전의 오얏꽃문

창덕궁 인정전 조명 장식의 오얏꽃문

● 정관헌 문양

덕수궁 정관헌의 전통 문양 적용

덕수궁 정관헌(靜觀軒)은 1900년대 당시 경운궁에 지어진 몇 채의 양관(洋館) 중 하나이다. 전통 궁궐 건축의 분위기와는 사뭇 다른, 동서양의 양식을 적절히 혼합한 장식 문양도 보이고, 마치 야외 카페 같은 분위기로 시선을 끄는 집이다. 오랜 세월에 부식되어 녹색을 띠는 정관헌의 동판 지붕은 전통적인 팔작지붕의 모양을 하고 있다. 동양적인 요소가 가미된 서양식 정자인 정관헌은 1900년경에 러시아 건축가 사바틴이 설계했다. 정관헌은 붉은 벽돌을 쌓아 올린 조적식(組積式) 벽체와 로마네스크풍의 인조 대리석 기둥을 세우고 건물 밖으로 목조의 가는 기둥으로 퇴를 두르듯이 지은 건물이다.

정관헌의 베란다 난간에는 우리 전통 문양을 철재 투각으로 수놓듯 새겨놓았다. 소나무 아래의 사슴, 박쥐, 불로초, 방승 무늬 등 길상 문양이 보인다. 기둥의 윗부분에 아칸서스 잎과 활짝 핀 오얏꽃을 조각하고 그 위에 동그랗게 말린 볼류트(volute)를 올리고, 맨 위에는 꽃을 가득 꽂은 화병을 조각해 놓았다.

정관헌의 기둥머리 조각은 전통적인 코린트 양식보다 형태적으로 단정하고 오얏꽃 등 한국적인 문양이 들어가 있어서 전통 궁궐의 건축물과도 잘 어울린다. 또한 출입구의 윗부분과 양쪽으로 온갖 꽃들과 화려한 문양 장식을 투각으로 표현했는데, 전통 문양을 서양 건축에 적용한 표현이 낯설지 않고 아름답다.

덕수궁 정관헌

● 정관헌 장식 둘러보기

정관헌의 베란다 난간에는 우리의 전통 문양을 철재 투각으로 수놓듯 새겨놓았다. 둥근 원 안에는 소나무와 불로초를 물고 있는 사슴이 보이고, 네 귀퉁이는 박쥐로 장식했으며, 옆으로 당초 덩굴로 장식하고, 아래 세 칸에는 방승문으로 장식했다.

정관헌 바닥에는 100여 년 전 러시아에서 수입해 온 무늬 타일이 깔려 있다.

110

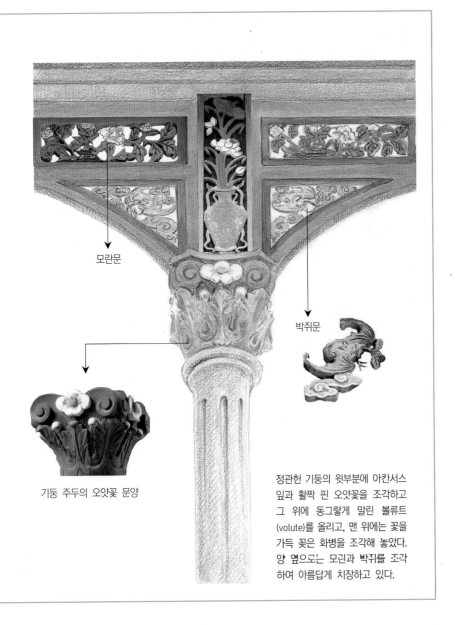

모란문

박쥐문

기둥 주두의 오얏꽃 문양

정관헌 기둥의 윗부분에 아칸서스 잎과 활짝 핀 오얏꽃을 조각하고 그 위에 동그랗게 말린 볼류트 (volute)를 올리고, 맨 위에는 꽃을 가득 꽂은 화병을 조각해 놓았다. 양 옆으로는 모란과 박쥐를 조각 하여 아름답게 치장하고 있다.

궁궐의
서수
조각과
장식

3

경복궁 대문 홍예의 서수

사령(四靈)은 사서(四瑞)라고도 하며 《예기》〈예운〉 편에 기록된 전설상의 네 가지 신령하고 상서로운 동물로 기린(麒麟), 봉황(鳳凰), 영귀(靈龜, 거북), 용(龍)을 가리킨다. 기린은 신의를 상징하고, 봉황은 평안을 상징하며, 영귀는 길흉을 예지하고, 용은 변환을 상징한다고 한다.

경복궁의 대문은 동서남북 네 방향에 각각 있는데,《경복궁 영건일기》의 기록에는 각 대문 홍예의 앙판(천장)에 이 상서로운 네 가지 동물을 수호 서수로 그렸다고 했다. 경복궁 사대문에 그려진 서수들은 현재 단청 그림으로 남아 있다.

● 《경복궁 영건일기》 1865년(고종 2년) 11월 4일
사문(四門)의 앙판(仰板: 홍예개판) 단청이 모두 완성되었다. 광화문 어간문(御間門)의 앙판에는 쌍봉(雙鳳)을 그리고 서협문(西俠門)은 낙귀부서(落龜負書), 동협문(東挾門)은 하마부도(河馬負圖), 건춘문은 쌍룡(雙龍), 신무문은 쌍구(雙龜), 영추문은 쌍린(雙獜)을 그렸다.

광화문(光化門)은 경복궁의 정문으로 남문이며 봉황(雙鳳, 주작) 한 쌍이 가운데 홍예문 천장에 그려져 있고, 양쪽 협문의 홍예 천장에도 각각 하마부도(河馬負圖 · 동쪽)와 낙귀부서(落龜負書 · 서쪽)가 그려져 있다. 하마부도는 한 쌍의 말 형상으로 그렸고, 낙귀부서는 거북을 닮은 서수를

경복궁 광화문 가운데 홍예 천장의 주작

그린 것이다. 광화문의 쌍룡, 낙귀부서, 하마부도 등은 2010년에 완성한 것으로 1968년에 그려진 것을 모사하여 복원하였다.(문화재청, 2011년 〈경복궁 광화문 권역 중건보고서〉)

경복궁의 동문 건춘문(建春門) 홍예 천장에는 쌍룡(雙龍)이 동쪽 방위를 나타내는 청룡으로 그려져 있다.

영추문(迎秋門)은 경복궁의 서문으로 동쪽의 건춘문과 짝을 이루는 위치이고, 홍예 천장에는 한 쌍의 기린(麒麟)이 그려졌다고 하는데, 현재 영추문 홍예에는 백호가 그려져 있다. 기린이 서쪽의 방위신인 백호를 닮은 모습이라서 사람들은 백호로 보는 데 더 익숙해 있다.

현재 영추문 홍예에 그려진 백호

대한민국 대통령 관저 청와대와 마주보고 있는 신무문(神武門)은 집옥재의 서편에 위치한 경복궁의 북문이다. 신무(神武)란 신묘하게 뛰어난 무용(武勇)을 의미하며, 또한 신령스러운 현무(玄武)로도 해석할 수 있다. 천장에는 북쪽 방위신인 현무 한 쌍이 파도를 타고 있는 모습으로 그려져 있다.

116

광화문의 주작

건춘문의 청룡

《경복궁 영건일기》에 기록된 영추문의 기린
(국립중앙박물관 소장)

신무문의 현무

광화문의 해치

해치(獬豸)는 고대 중국의 전설에 나오는 상상의 동물로 고문헌에 나타나는 이름은 해치(解廌), 신양(神羊), 식죄(識罪), 해타(獬駝), 해호(觟護) 등 다양하다. 해치라는 명칭은 중국의 여러 고전에 자주 등장하지만, 외형적 특징에 관해서는 설명이 서로 엇갈려서 사슴의 일종으로 보거나 소를 닮았다고 말하고 있다.

왕충의 《논형論衡》에서 해치는 뿔이 하나 달린 '일각수(一角獸)'라고 했다. 여러 기록 중 《이물지異物志》에서 해치의 성질을 말한 기록이 현재 우리가 파악하고 있는 모습과 가장 닮았다. 《이물지》에서는 해치를 다음과 같이 묘사하고 있다.

"동북지방의 거친 곳에 사는 짐승을 해치라고 한다. 뿔이 하나에 성품이 충직하여 사람이 싸우는 것을 보면 올바르지 못한 사람을 뿔로 받고, 사람이 논란을 벌이는 것을 보면 바르지 못한 사람을 물어뜯는다."

중국의 우(禹) 임금 때 법을 맡았던 고요(皋陶)는 해치의 충직한 성격과 시비곡직을 가릴 줄 아는 능력을 써서, 옥사 문 앞에 해치를 두어 죄가 있는 자를 가려냈다고 한다.

광화문과 동쪽의 해태 (국립중앙박물관 소장)
원래의 해태상이 있던 곳과 현재의 위치가 달라졌다.
해태상 앞에 말에서 내릴 때 내딛는 노둣돌이 보인다.

경복궁의 정문인 광화문의 양편에는 담장에 바짝 붙어서 광화문을 지키고 있는 해태상이 있다. 사람들은 해태가 불을 쫓는 동물이라서 궁궐에 두었다고 하는데 해태의 원래 위치와 옛 기록에 있는 해치의 성질을 살펴보면 또 다른 해석이 가능하다.

원래 해태가 놓여 있던 자리는 광화문 앞 육조거리 옛 사헌부 앞의 길 양쪽으로, 사헌부는 시정의 잘잘못을 따지고 관원들의 비리를 조사하여 탄핵하던 대표적인 사법기관이었다. 이물지라는 옛 기록에 해치가 성품이 충직하며 시비곡직을 가릴 줄 알아서 사람들이 싸우면 바르지 못한 자는 그 뿔로 들이받고 거짓말을 하는 자에게 덤벼들어 깨문다고 했다. 이런 연유로 조선시대 법을 가리는 사헌부의 관원들은 관복에 해치 흉배를 달았고 해치관을 썼다. 해치는 궁궐 법전의 대문 앞 계단 답도 양쪽에도 있고 금천교 다리 위의 동자석에는 기둥마다 해치를 올려놓아서 역시 경계를 늦추지 않고 있다.

광화문 해태상의 위치는 원래 지금보다는 훨씬 앞쪽의 세종문화회관과 정부청사의 중간쯤에 있어서 궁을 출입하는 사람들이 말이나 가마에서 내리는 하마비의 역할을 했다. 1890년대의 사진을 보면 해태상 앞에 'ㄴ' 자 모양의 받침돌이 보이는데, 이것은 말이나 가마에서 내릴 때 발을 딛는 노둣돌이다. 이곳부터는 왕의 신성한 영역이니 누구든 왕보다 지위가 낮은 사람이라면 궁으로 들어가기 전 탈것에서 내리라는 하마(下馬)의 표시였던 것이다.

● 《승정원일기》 고종 7년(1870) 2월 12일 기사

지금 이후로 동가(動駕)할 때 시위대 속으로 인마가 난입하는 일이 있으면 승정원과 병조는 엄한 질책을 면치 못할 것이다. 승정원은 병조를 엄히 신칙하고, 해치 내(內)에서는 백관이 말을 타지 못하도록 엄히 신칙하라.

백관들이 궁에 들어올 때 해치상 안쪽 공간에서는 말을 타지 못하게 한 것으로 바로 광화문 앞 해치상임이 재확인된다. 그러나 백관들이 여전히 말을 듣지 않았던지 고종은 다시 이를 어기는 자를 규찰하라는 명을 내렸다.

● 고종 7년(1870) 10월 7일 2번째 기사

대궐문 안에서 말을 타는 일이 없도록 사헌부에서 규찰하도록 하다

전교하기를, "대궐 문에 해치를 세워 한계를 정하니, 이것이 곧 상위(象魏)이다. 조정 신하들은 그 안에서는 말을 탈 수가 없는데, 이것은 노마(路馬: 왕이타는 수레를 끄는 말)에 공경을 표하는 뜻에서이다. 조금 전에 출궁할 때 보니, 종승인(從陞人: 관리)이 그 안에서 말을 타던데 이것이 어찌 사체(事體: 일의이치와 정황)와 도리에 맞겠는가? 전후에 걸쳐 신칙한 하교가 얼마나 엄중했는데도 한갓 형식이 되어버렸으니 이와 같이 하고서 어떻게 기강이 서겠는가? 지금부터는 사헌부에서 규찰하여 계문(啓聞)하라." 하였다.

해치가 처음 제자리를 잃게 된 시점은 일제강점기 조선총독부 청사건축 공사로 인해 경복궁 담이 헐리고 궁궐터에 길이 뚫리는 등 모든 것이 망가지던 때였다. 당시 해치상의 수난을 지켜본 〈동아일보〉기자는 이런 기사를 써서 많은 사람들의 심금을 울렸다.

● 〈동아일보〉 1923년 10월 23일자 기사

…성이 헐린 터에 길이 되고, 임금이 있던 대궐 터에 총독부가 들어서는데, 너만이 편안히 살 수 있겠느냐, 그러나 춘풍추우 지키던 그 자리를 떠날 때에네가 마음이 있다면 방울 같은 눈매에도 응당 눈물이 흘렀으리라.
긴 세월 동안 위엄 있고 유순하게 경복궁을 지키고 섰던 네가 무슨 죄가 있어서 무지한 사람들이 다리를 동이고 허리를 매어 끌어갔으랴. 말 못하는너는 시키는 대로 끌려갔을 뿐이었다.…

이후 해치상은 총독부 청사 서편 담장 밑에 방치되어 있다가 총독부건물이 완성되자 청사 정문 앞으로 옮겨졌다. 조선왕조의 법궁을 지키

던 해치가 조선인을 착취하고 억압하는 일제의 아성(牙城)을 지키는 꼴이 되었을 뿐만 아니라 본래의 위상을 잃고 한낱 문지기가 된 것이다. 해치는 그렇게 있다가 1968년 철근 콘크리트로 광화문을 짓고 남쪽 궁장 가까이에 옮겨진 뒤, 2010년 광화문을 목조로 다시 지어 복원한 후에는 약 5미터 남쪽으로 이전했지만, 지금의 자리 역시 원래 자리가 아니다.

우리나라에 나타나는 해치의 형상은 처음에는 중국을 모방하다가 19세기 후반에 이르러 조선만의 독창적인 도상이 정립되었다. 조선 전기 머리 중앙에 큰 뿔이 하나 있고 온 몸이 비늘로 덮여 있던 해치상은 뾰죽하던 주둥이가 점점 밋밋해지고, 머리 중앙의 뿔은 나선형의 돌출

광화문 앞의 해치상

122

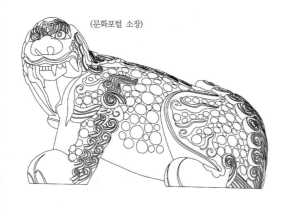
(문화포털 소장)

돌기로 형식화되다가 사라지고 온몸을 원형 점박이로 장식되는 등 다른 특징을 보이며 변화해 갔다. 현재 광화문 앞에 있는 해치상은 고종 때 경복궁 영건 당시 수도방위군인 훈련도감의 기패관(旗牌官: 종9품 군관)이었던 이세욱(李世旭)에 의해 제작되었다는 짧은 근거 기록만 있다.

해치를 살펴보면 방울 달린 목걸이를 목에 걸고 궁궐 반대편으로 고개를 돌리고 있는데, 두 마리의 해치가 양쪽에서 궁궐을 호위하고 지키는 형상이다. 그리고 목에 방울을 달았다는 것은 사람이 길들여 키우는 가축의 의미가 강해서 옛날 고요(요임금 때 법을 관장한 신하)가 옥사 앞에 해치를 두었다는 고사와 연결되며, 금속성의 방울이 내는 소리가 나쁜 기운을 물리친다는 벽사의 의미도 있다.

해치상은 정수리에는 도식화한 뿔이 부드럽게 표현되었으며, 몸 전체가 비늘로 덮여 있다. 다리에는 화염 무늬 갈기와 나선형 털이 나 있다. 두 눈은 부리부리하고 주먹코에 입을 크게 벌려 포효하지 않지만 어금니와 송곳니를 드러내고 서수로서의 위용을 보이고 있다. 그런데 광화문 앞 해치의 표정은 살벌하게 무섭지는 않고 점잖은 자세로 사람들에게 함부로 다가서지 말 것을 경계하는 굳센 모습을 하고 있다.

금천교의 천록

경복궁 영제교의 천록

궁궐의 금천교(錦川橋)는 풍수지리사상에 입각하여 정전의 외전 앞으로 명당수를 흐르게 하고, 그 물길 위에 다리를 설치한 것이다. 경복궁의 영제교(永濟橋)는 백악에서 흘러들어온 물줄기와 서편의 물이 합쳐져 근정문 앞을 지나는 물길 위에 설치한 금천교이다. 금천교는 정전 안이 지엄한 왕이 계신 신성한 곳임을 나타내는 경계의 의미로 창덕궁의 금천교(錦川橋), 창경궁의 옥천교(玉川橋)도 같은 이치로 금천 물길에 세운 돌다리이다.

경복궁 금천교 동서 양쪽의 석축에는 네 마리의 서수(瑞獸: 상서로운 동물)가 사뭇 무서운 표정으로 각기 물길을 응시하고 있다. 이 짐승들은 물길을 타고 궁으로 진입하려는 나쁜 기운을 진압하기 위해 금세라도 물에 뛰어들 자세로 웅크리고 있는데, 온 몸이 비늘로 덮여 있고, 정수리에 뿔이 달려 있으며, 겨드랑이와 뒷다리 부근에 갈기가 선명하게 나 있다. 그 생김부터 예사롭지 않다. 《예문유취藝文類聚》 등 옛 문헌에는 천록이 아주 선한 짐승이며 왕의 밝은 은혜가 아래로 두루 미치면 나타난다고 했다.

영조 · 정조 때 사람인 유득공의 아들 유본예(柳本藝)가 1830년 펴낸 《한경지략》에 실린 〈경복궁유관기景福宮遊觀記〉에는 이 동물을 천록(天祿)이라고 적고 있다. 천록은 《후한서後漢書》에 나오는 상상의 동물로 몸에 비늘이 덮여 있고, 외뿔이 달렸으며, 사악한 것을 물리치는 벽사의 능력을 지녔다고 묘사했다.

그런데 서쪽 석축의 천록 한 마리가 물밑을 바라보고 있는 것은 맞는데, 혓바닥을 낼름 내민 '메롱'은 다시 한 번 생각해 보아야겠다. 당시 어느 석공이 조각했는지는 모르겠으나, 표정만 조금 사납지 이렇게 짓궂은 모습이 염려되는 것은 바야흐로 이 물길을 건너면 왕이 계신 지엄한 공간으로 넘어가는 경계의 의미 때문이다. 그러나 어쩌랴. 조선의 석공이 조선의 돌을 쪼아 그의 심성 닮은 선한 표정으로 천록을 조각했으니 이 또한 우리의 모습이 아닌가.

● 《경복궁 영건일기》 1865년(고종 2년) 5월 4일
남별궁(南別宮)에 있던 패하석을 가져와서 다시 금천교 서쪽 우변 석축 위의 본래 자리에 두었다. 패하석 4개는 금천교를 축성할 때 좌우 사변에 설

치해 두었던 것이다. 세속에 전하기를 평양위(平壤尉) 조대림(趙大臨: 태종의 부마)이 패하석 하나를 자기 집의 북쪽 섬돌 소나무 아래로 옮겨 두었다. 조대림이 복법(伏法)되자 그의 집을 빈관으로 만들었는데, 이곳에 머물던 청나라 사신이 그 패하석을 매우 신령스럽고 괴이하다고 하여 그 등에 구멍을 뚫어 흙으로 메웠다고 하는데 무슨 근거인지 모르겠다.

《경복궁 영건일기》에 이중 현재 동쪽 석축 아래편에 있는 천록에 관한 기록이 보인다. 원래 경복궁의 금천에 4개의 패하석이 있었는데, 이중 하나가 남별궁에서 발견되었기에 경복궁 영건할 때 금천 제자리에 가져다두었다는 기록이다. 그런데 이 서수는 등에 구멍이 뚫려 있고 이를 뚜껑 조각으로 때운 흔적이 보인다. 《경복궁 영건일기》에 패하석이 있던 곳을 남별궁(南別宮)이라 했는데, 이 집은 임진왜란 이후 중국 사신이 머물던 숙소다. 원래 이곳은 태종 둘째딸 경정공주(慶貞公主)가 살던 집이었다.

임진왜란 당시 왜군 장수 우키타 히데이에는 종묘에 주둔했었는데, '밤마다 신병(神兵)이 나타나 서로 칼로 치다가 죽은 자가 속출하자 이곳 소공주 댁으로 병력을 이동했다. 남별궁은 1593년 한양이 수복된 이후에는 불타버린 태평관 대신 명과 청나라 사신 숙소로 사용되었고, 1897년 고종 황제는 이 터에 환구단을 세워 하늘에 제사를 지낸 후 황제위에 오르고 대한제국을 선포했다.

250년 전 유득공(柳得恭)은 《춘성유기春城遊記》에 영제교 양쪽에 앉아 있는 천록들에 대해 다음과 같이 기록하고 있다.

"…또 그 다음 날(1770년 3월 6일), 폐허로 남아 있는 경복궁으로 들어갔다. 궁궐 남문 안에는 다리가 있는데, 다리 동쪽에는 돌을 깎아 만든 천록이 두 마리 있고, 다리 서쪽에는 한 마리가 있다. 천록의 비늘과 갈기가 잘 새겨져 있어 생생하였다. 남별궁 뒤뜰에는 등에 구멍이 뚫려 있는 천록이 한 마리 있는데 이것과 아주 비슷하다. 필시 다리 서쪽에 있었던 나머지 하나임이 분명하다. 허나 그것을 입증할 근거가 없다."

경복궁에 있던 천록 한 마리가 남별궁으로 옮겨진 것이 틀림없다는 이야기이다. 유득공과 같이 한양 유람을 했던 이덕무도 이 서수가 "바로 경복궁에서 옮겨온 것(盖自景福宮移置也)"이라고 확신했다. 그리고 《경복궁 영건일기》 1865년 5월 4일 기록에는 이 천록을 남별궁에서 가져와 금천교 서쪽 본래 자리에 두었다고 했고, 또 1868년 3월 2일에는 "금천교 패하석의 등 쪽 팬 곳을 돌로 보완했다"고 썼다.

문득 천록의 위치가 왜 바뀌었는지에 대한 의문이 든다. 유득공이 《춘성유기》에서 밝힌 천록의 위치가 현재 놓인 위치와 다르기 때문이다. 《경복궁 영건일기》에도 패하석을 서쪽 우변에 놓았다고 했는데, 현재 경복궁 영제교 석축에 (등에 구멍이 나 있는) 천록이 놓인 위치는 동쪽 우변(금천의 아랫단)이다. 금천교는 일제강점기인 1915년에 '시정5주년기념 조선물산공진회'가 경복궁에서 열리면서 흥례문과 주변 행각이 철거될 때 같이 헐렸다. 그리고 1년 뒤 영제교가 있던 자리에 조선총독부 청사가 지어지면서 총독부 박물관 근처에 영제교 부재를 모아두었다가 해방 이후인 1950년대에 임시로 수정전 앞에 설치하였으며, 1970년대에 다시 근정전 동행각 쪽으로 옮겨 놓았다. 그리고 문민정부

등에 구멍이 나 있는 영제교의 천록

때 구 총독부 건물이 헐리고 2001년 흥례문 영역이 복원되면서 영제교
도 다시 제자리에 복구되었다.

옛 기록과 달라진 천록의 원래 위치에 대한 점검은 영제교 복구가
제대로 되었는지를 확인하는 차원에서도 필요하다. 네 마리 천록을
어디에 놓든 물길을 지키는 서수로서의 역할을 하겠지만 각각의 위치
에 대한 구분은 그 자세에 있다. 그리고 등에 구멍이 난 천록의 자리
를 가리키는 뚜렷한 기록이 남아 있기 때문에 현재 이 서수의 위치가
잘못 된 것을 묻어버릴 수는 없다. 즉 흥례문 영역을 복원할 때는 《경
복궁 영건일기》의 존재를 우리가 모르고 있었다고 하더라도 유득공의
기록을 간과하고 네 마리의 천록을 그냥 아무렇게나 배치했다는 결론
이다.

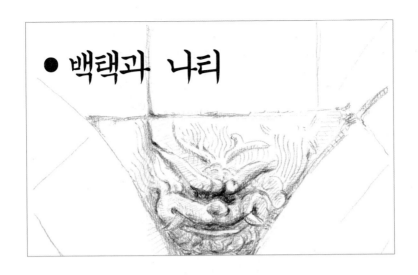

창덕궁의 백택과 나티

　　창덕궁 금천교 홍예 북쪽에는 현무(玄武)를 의미하
는 거북을 놓았고, 남쪽에는 성군의 출현을 상징하는 백택(白澤)을 조각
해 놓았다. 백택은 덕이 있는 임금의 치세(治世)에 나타난다고 하는 상상
의 신령한 동물로 사자의 모습을 하고 여덟 개의 눈이 있으며, 사람의
말을 한다고 한다. 그리고 다리의 남북으로 두 개의 홍예 사이 가운데
에는 역삼각형 형태로 나티 부조 조각을 해놓았는데, 사전에는 나티를
'짐승 모양을 한 일종의 귀신'이라고 했다. 이들은 모두 천록과 마찬가
지로 물길을 타고 궁궐로 침입하려는 사악한 기운을 제압하려는 벽사
의 의미가 있는 서수 조각이다.

이러한 나티를 귀면(鬼面)이라고도 하는데, 귀면문의 원형은 중국 고대의 도철문(饕餮紋)에서 찾아볼 수 있다. 도철은 눈이 크고 이빨이 튀어나온 입을 크게 벌린 모습을 하고 있다. 도철은 시각이 예민하여 어떤 사악한 악귀도 찾아낼 수 있는 능력이 있다고 한다. 우리 주변에서 흔히 볼 수 있는 귀면 문양은 우리나라 도깨비를 형상화한 것이라는 설이 더 설득력 있다. 왜냐하면 우리의 귀면은 중국의 도철문처럼 괴기스럽거나 공포감을 자아내기보다는 한국 전래동화의 도깨비처럼 매우 해학

창덕궁 금천교의 백택과 나티 조각

창경궁 옥천교의 나티(귀면) 조각

적이고 인간적인 면모로 형상화되기 때문이다. 귀면문은 지붕의 기와, 다리, 창호 등에 새겨져 벽사와 수호의 역할을 담당하고 있다.

경복궁 아미산 굴뚝, 자경전 십장생 굴뚝과 각 문 위의 귀면 문양은 험상궂은 얼굴 정면 형상으로 표현하여 벽사의 의미가 더 강조되었다

경복궁 아미산 굴뚝의 귀면 문양

고 볼 수 있다. 실은 그동안 이러한 형태의 문양은 대부분 일본식 표현대로 귀면(鬼面)이라고 불려 왔다. 그러나 단순한 도깨비나 귀신 형상이라고 보기에는 그 상징성이 너무 약하다는 생각이 든다. 옛날부터 전해져 오는 용생구자설(龍生九子說)이 우리의 정서에 더 가깝다.

용생구자설

덕수궁 유현문 홍예 위의 꽃담에 새겨진 운룡문(雲龍文)은 용이 구름을 두르고 승천하는 모습으로 나타났다. 더구나 용은 그 모습이 변화무쌍해서 각기 다른 성격과 모양을 한 아들을 아홉 두었다. 비희(贔屭), 이문(螭吻), 포뢰(蒲牢), 폐안(狴犴), 도철(饕餮), 공복(蚣蝮), 애자(睚眥), 산예(狻猊), 초도(椒圖)이다.

덕수궁 유현문의 운룡

① 비희(贔屭)

다른 이름은 구부(龜趺), 패하(霸下)라고 한다. 모양이 거북과 비슷한데 이빨이 있다. 힘이 세고 무거운 것을 짊어지는 것을 좋아해서 석비 아래 있는 거북 형상이 이것이다. 경복궁 함원전 뒤편 동산에 있는 거북을 닮은 비희가 둥근 물확을 등에 지고 있다. 비희가 가장 일반적으로 모습을 보이는 형상은 비석을 등에 지고 비문 위에는 이수 조각을 얹고 있는 경우이다.

경복궁 함원전 뒤편 화계의 돌거북

금석문으로 볼 때 비문의 내용이 제일 중요한 내용을 담고 있지만 이

비문을 지고 있는 거북 형상의 조각 수법이나 맨 꼭대기 용 조각이 사람들의 눈을 먼저 끌고 있다. 용의 첫째 아들 비희가 힘센 자랑을 하느라 천년 넘게 비문을 등에 지고 자리를 지키고 있는 것이다.

② 이문(螭吻)

이문은 조풍(嘲風)이라고도 하고 모양은 짐승을 닮았으며, 높은 곳에서 먼데를 바라보기를 좋아한다. 전각의 지붕 위에 있는 짐승머리 형상의 용두가 바로 이문인데, 목구멍이 젖어 있고 토하기를 잘해서 궁전 지붕 위에 새겨놓으면 화재를 진압한다고 한다.

삼국시대부터 지붕 꼭대기를 장식하는 새 날개를 닮은 치미(鴟尾) 또는 치문(鴟吻)이라고 부르는 특수 기와가 지붕 용마루 끝에 올라앉았다. 지붕 장식의 치미는 삼국시대부터 길상과 벽사의 상징으로 나타났다가

지붕의 용두

고려 후기에는 물고기 형상으로 바뀌었고, 조선시대에 이르러서는 치미 대신 취두가 등장했다.

고려시대부터는 중국 당나라 후엽부터 유행된 치문의 영향을 받아 화재를 방지하기 위한 목적에서 물을 뿜어내는 어룡형(魚龍形)으로 그 형상이 변형되었고, 조선시대에는 점차 용두(龍頭), 취두(鷲頭) 등의 새로운 장식 기와로 바뀌었다.

조선시대에 이르러 지붕 장식으로 등장한 용두는 바로 용의 두 번째 아들 이문으로, 늘 지붕 꼭대기에 앉아서 밝은 눈으로 먼데까지 살피다가 사악한 침입자를 제압하고 궁궐을 지키고 있다.

③ 포뢰(蒲牢)

종 위에 있는 용뉴가 바로 포뢰이다. 바닷가에 살던 포뢰는 고래를 무서워해 고래가 다가오기만 하면 번번이 놀라서 크게 울었다. 지금 종을 치는 당목(撞木)은 통나무 막대기로 변해버렸지만, 원래는 고래 모양의 나무였거나 고래뼈로 만들었다. 이것은 고래로 종을 두드리면 종 꼭대기에 올라앉은 포뢰가 무서워 더 크게 소리칠 것이고, 종소리가 크게 울려 퍼질 것이라는 생각에서였다. 전통 악기인 북의 북통에 용을 그려 넣는 것도 이와 같은 이유에서다.

신라시대 성덕대왕 신종의 용뉴

용 문양 문고리

④ 폐안(狴犴)

일명 헌장(憲章)이라고도 하며, 모양은 호랑이를 닮았다. 소송하는 것을 좋아하고 위력이 있어 옥문(獄門)이나 관아 정당의 양측 면에 그 형상을 세운다.

⑤ 도철(饕餮)

먹고 마시는 것을 좋아해 솥뚜껑이나 제기(祭器)에 그려 놓는다.

⑥ 공복(蚣蝮)

공복은 겁이 많아서 물에서만 왕이고 물밖에 나가면 개미에게도 놀림을 받는다고 한다. 다리 기둥에 새겨 놓아서 물길 따라 오는 잡귀를 막아준다. 창덕궁 금천교나 창경궁 옥천교 홍예 사이에 얼굴 박아 놓은 무서운 형상의 귀면이 공복일 것이다.

백제시대 용봉문 환두대도 (무령왕릉 출토)

⑦ 애자(睚眥)

성격이 광폭하여 죽이는 것을 좋아한다. 5~6세기에 제작된 환두대도(環頭大刀)는 손잡이에 둥근 고리가 있는 칼이다. 손잡이의 고리 안에는 용이나 봉황 등 칼을 사용하는 사람의 신분을 나타내는 여러 가지 장식을 넣는다. 환두대도의 칼자루에 보이는 용의 형상이 애자이다.

⑧ 산예(狻猊)

산예는 형상이 사자를 닮고 연기와 불을 좋아하여 향로 위나 다리에 조각한다. 경복궁 근정전 월대 위의 향로(鼎)의 다리가 사자 얼굴과 발 모양을 하고 있다. 원래 이 향로의 뚜껑이 있던 사진에는 뚜껑 위에 용머리 조각이 있는데, 그 모습 역시 산예라고 할 수 있다. 이 짐승은 또한 앉아 있기를 좋아하는데, 불좌(佛座)의 사자가 바로 산예이며, 일명 금예(金猊)라고도 한다.

용머리 뚜껑을 얹은 덕수궁 향로
(국립중앙박물관 소장)

⑨ 초도(椒圖)

소라처럼 생겼고 뭐든지 닫아걸기를 좋아하여 문고리나 자물통에 새긴다.

용의 아홉 아들, 이들의 성격이 너무 달라 형제간 성격이 다른 것에 비유하여 '용생구자불성룡(龍生九子不成龍)'이라고 표현하기도 했다. 이렇게 용의 아홉 아들의 모습을 묘사해봤자 사람들의 상상만 거듭되고 그 형상에 대한 확신은 어디에도 없으니 장소를 보고 짐작할 수밖에 없는 용생구자이다.

경복궁 향로의 다리는 사자의 얼굴과 발 모양을 한 산예를 형상화했다.

● 답도

월대를 오르는 계단의 답도

조선 궁궐의 정전을 근정(勤政), 인정(仁政), 명정(明政)으로 이름 지은 이유는 임금이 백성들을 위해 부지런하고 어진 마음으로 밝은 정사를 펼치려 했던 덕치의 증거일 것이다.

궁궐의 정전 월대를 오르는 가운데 계단 어계(御階)에는 답도(踏道)가 있다. 답도는 궁궐 정전의 계단을 오르는 한복판에 설치되어 있으니 왕의 권위와 직결되는 상징물이다. 덕수궁 답도에는 용이 조각되어 있고, 경복궁, 창덕궁, 창경궁의 답도에는 구름 속에 노니는 봉황 한 쌍이 조각되어 있다. 봉황은 상상의 영물로 오동나무숲에 깃들고 대나무열매(竹實)를 먹으며 살아 있는 것을 다치지 않고 태평성대에만 나타나는 상

경복궁 근정전 답도의 봉황

서로운 새라고 했다.

　궁궐 답도에 새겨진 봉황 문양은 바로 요순의 태평성대가 이곳 궁궐에 다다르고 있음을 상징한다. 답도의 봉황을 에워싸고 있는 구름 위를 지나 천상의 세계에 오른 왕이 만백성을 위한 성군의 정치를 기원했던 사람들의 마음을 읽을 수 있다. 봉황이 성군(聖君)의 덕치(德治)를 상징하는 까닭에 제왕의 도를 일깨우기 위해 정전 답도에 새긴 것이다.

　답도의 양쪽에는 해치가 조각되어 있고, 어계 측면에는 당초 문양을 새겼다. 조선 왕조의 기틀을 굳건히 지키고 왕실의 무궁한 번영을 추구하는 길상 문양이다.

숭정전 답도의 공작

처음 창건 때는 경덕궁(慶德宮)으로 불린 경희궁(慶熙宮)은 광해군 때(1617~1620년)에 지은 궁궐로 인조반정(1623년)으로 즉위한 인조가 이곳에서 정사를 보았다.

경덕궁은 조선왕조 후기 내내 창덕궁에 연계한 이궁으로 사용하면서, 영조 36년(1760년)에는 인조의 아버지 원종(元宗)의 시호인 '경덕(敬德)'과 음이 같다는 이유로 경희궁으로 이름을 바꿨다. 1829년(순조 29년) 경희궁에 큰불이 나서 많은 건물이 불타 2년 뒤에 중건했고, 다시 1860년(철종 11년)과 1902년(광무 6년)에 일부 전각의 부분적인 수리가

경희궁 숭정전 (사진 원본 황은열)

있었다. 철종이 경희궁을 수리하고 7개월 동안 잠시 머물다가 창덕궁
으로 이어(移御)한 후 경희궁은 조선 왕조가 끝날 때까지 빈 궁궐이 되었
다. 조선 왕조의 다섯 궁궐 중 하나로 중요시되던 경희궁은 일제강점기
에 건물이 대부분 철거되고, 이곳을 일본인들의 학교로 사용하면서 완
전히 궁궐의 자취를 잃고 말았다. 경희궁은 1988년부터 복원 작업을
시작하여 2002년 자정전과 숭정전, 숭정문 등을 복원하는 1차 복원 공
사를 마치고 시민들에게 공개되었다.

경희궁 숭정전 하월대 답도의 공작

경희궁 터에 새로 복원한 숭정전
의 원형은 현재 동국대학교 내에 법
당으로 사용하는 정각원(淨覺院) 건
물이다. 숭정전 건물은 1926년에
남산 기슭 조계사의 본전으로 사용
되기 위해 이건되었다가 그 자리에
동국대학교가 세워지면서 1976년
9월 현재의 자리에 이건하여 복원
하였다. 1926년 이건 당시 숭정전
의 하월대 기단은 경희궁 터에 그대
로 두고 숭정전 건물과 상월대 기단
을 옮겨 지은 것이다. 원래 숭정전
의 상월대 계단 답도에는 봉황이, 하월대 답도에는 공작(孔雀)이 설치되
었는데, 이렇게 상하 월대 답도의 문양이 다른 것은 경희궁 숭정전이

유일하다. 경희궁 이외의 경복궁, 창덕궁, 창경궁, 덕수궁 정전의 답도 조각은 봉황이거나 용으로 상하 같은 문양으로 통일되어 있다.

경희궁 숭정전 하월대 답도의 공작은 다른 궁궐에서는 볼 수 없는 특별한 문양이다. 궁궐 건축의 공작 문양을 이해하려면 공작이 지닌 의미를 알아야 한다. 공작은 머리에 세 가닥의 비취 털이 솟아나 있어서 관을 나타내고, '작(雀)'이 관직을 뜻하는 '작(爵)'과 같은 의미로 해석하여 높은 신분을 의미했다.

사람들은 공작을 봉우(鳳友)라 하여 봉황과 같은 신성한 의미로 여겼고 공작이 제왕의 덕을 지녔다고 했다. 그리고 공작의 아름답고 단정한 자태와 함께 걸음걸이가 조심스러우니 질서가 있다 하여 사랑하였고 문금(文禽)이라고 불렀다. 당시 왜 상하 월대 답도의 문양을 다르게 했는지는 뚜렷한 이유를 알 수 없지만, 공작과 봉황을 제왕의 권위를 상징하는 서조(瑞鳥)로 동일시했기에 답도에 사용한 것으로 보인다.

서울시는 2000년대 초 경희궁 터에 숭정전을 복원하면서 상월대 답도에 공작을 조각해 놓았다. 복원 공사 당시 정각원 기단에 딸린 답도의 봉황을 원본으로 해서 아래위 답도의 문양을 다르게 설치해야 하는데, 경희궁 터에 남아 있던 하월대 답도의 공작을 베껴 조각하는 실책이 있었던 것이다. 숭정전 답도의 오류는 그냥 얼버무려 지나칠 일이 아니며 이렇게 고증이나 점검 없이 짐작으로 문화재를 복원하는 무신경은 크게 염려되는 일이다.

● 월대의 서수

근정전 월대의 조각

경복궁 근정전 월대는 다른 궁궐 정전의 월대보다 그 꾸밈이 예사롭지 않다. 월대의 꾸밈을 살펴보면 근정전의 월대는 상월대와 하월대, 이중으로 구성되어 있다. 상하 월대 주변에는 장대석을 둘렀으며, 팔각 회란석의 난간을 받치고 있는 것은 하엽동자석이다. 옛 근정전에는 돌난간이 없었던 것을 고종 때에 새로 지으면서 월대 가장자리에 돌난간으로 둘러 장식했다. 돌난간은 중간에 연주(聯珠: 구슬)를 이은 칠보 문양으로 연잎의 가운데를 조여 묶은 하엽동자주(荷葉童子柱)를 받쳤다.

그리고 하월대의 동서남북 네 방향의 계단 기둥에는 12간지(干支) 중

경복궁 근정전 월대 난간의 하엽동자석

에서 토끼, 닭, 말, 쥐가 방위와 시간의 개념을 보여주는 서수로 배치되었다. 이로써 《경복궁 영건일기》의 서수 배치에 관한 도상이 근정전 전체를 제왕이 관장하는 천문(天文)의 공간으로 만들기 위한 장치였다는 것을 알 수 있다.

● 《경복궁 영건일기》 1867년 10월 9일 맑음
근정전 상하 월대에는 박석을 깔고 상하의 네 귀퉁이에 쌍법수석(雙法獸石)을 각각 1좌씩 둔다. 상하 월대에는 석난(石欄)을 둔다. 보계의 좌우로는 난간의 주두(柱頭)에 모두 법수를 새긴다. 대개 6곳의 보계는 상하의 대를 합쳐서 12곳이 된다. 보계의 가장자리 돌의 아래에 드리운 용두(龍

144

근정전 월대 2층의 서수 조각

《경복궁 영건일기》에는 남쪽 계단 2층이 말이고, 3층은 안(豻)이라고 기록하고 있으나, 현재 근정전 월대에는 3층이 말이고, 2층은 안(豻)이라고 기록된 서수 조각이 놓여 있다. 안(豻)이 어떤 동물인지는 정확히 기록되어 있지 않다. 현재의 조각상은 호랑이 형상을 하고 있다.

頭) 및 남쪽 보계의 어간석의 남쪽에 새긴 쌍봉과 네 귀퉁이의 쌍법수는 옛 월대의 제도이며, 석난은 새로운 제도이다.

● 남쪽의 보계(곡난曲欄을 아래로 드리워서 난간에 4층의 기둥이 있다)는 1층은 해치(獬)이며 (사실과 왜곡을 능히 판단하는 동물이다), 2층은 말이며 (즉 오방午房(남쪽)이다). 3층은 안(豻)이며 (남방칠수南方七宿는 안(豻), 양(羊), 노루(獐), 말(馬), 사슴(鹿), 뱀(蛇), 지렁이(蚓)이다), 4층은 봉황이다 (즉 주작朱雀이다.)

● 동쪽의 보계는 1층은 토끼이며 (즉 묘방卯方(동쪽)이다), 2층은 용이다 (형상은 청룡青龍이다). 동쪽의 협보계는 1층은 낙타(駱)이며, 2층은 교룡(蛟)이다. (생각건대 동방칠수東方七宿는 교룡(蛟), 용(龍), 낙타(駱), 토끼(卯), 여우(狐), 호랑이(虎), 표범(豹)이다.)

● 서쪽의 보계는 1층은 닭(鷄)이며 (즉 유방酉方(서쪽)이다), 2층은 호랑이(虎)이다 (즉 백호白虎다). 서쪽의 협보계는 1층은 원숭이(猿)이며, 2층은 이리(狼)이다. (생각건대 서방칠수西方七宿는 이리(狼), 개(狗), 꿩(雉), 닭(鷄), 까마귀(烏), 원숭이(猴), 원숭이(猿)이다.)

※ 원숭이는 한자로 원숭이 후(猴)와 원숭이 원(猿)이 있는데, 원숭이 후는 꼬리 달린 원숭이를 말한다. 꼬리 달린 원숭이 후(猴)가 영어의 Monkey라면 유인원은 Ape으로 분류되는 원숭이 원(猿)이다.

● 북쪽의 보계는 1층은 쥐(鼠)이며 (즉 자방子方(북쪽)이다) (생각건대 북방칠수北方七宿는 해치(獬), 소(牛), 박쥐(蝠), 쥐(鼠), 제비(燕), 돼지(猪)이다), 2층은 거북(龜)이다. (생각건대 현무玄武이다.)

전정(殿庭)에는 박석을 깔고 '두 줄로' 품석(品石) 24개를 세웠다. (무품文武品 각 12개는 헐어버린 간의대의 옥석玉石으로 만들었다.)

● 경복궁 근정전 월대의 방위와 시간 개념을 보여주는 서수 배치

※ 《경복궁 영건일기》에 의한 서수 배치

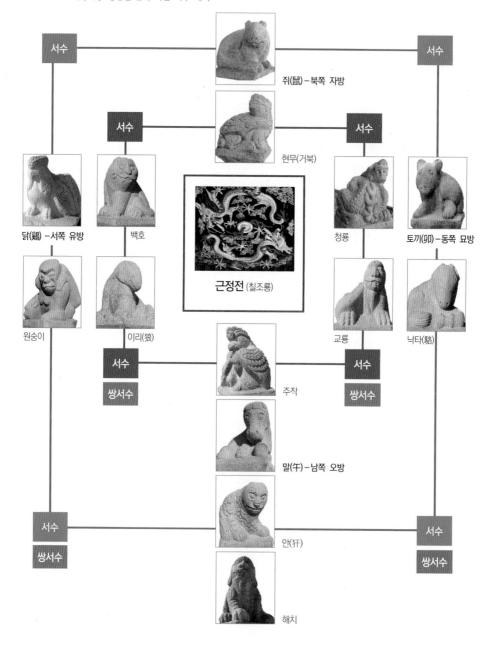

서수

서수

쥐(鼠) – 북쪽 자방

서수

서수

현무(거북)

닭(鷄) – 서쪽 유방

백호

청룡

토끼(卯) – 동쪽 묘방

근정전 (칠조룡)

원숭이

이리(狼)

교룡

낙타(駱)

서수

쌍서수

주작

서수

쌍서수

말(午) – 남쪽 오방

서수

쌍서수

안(犴)

서수

쌍서수

해치

근정전 월대의 상징성

경복궁 근정전 월대의 기둥에는 다양한 동물 조각상을 세웠다. 이 동물 조각상은 나름의 상징성을 지니고 있다. 맨 위층 상월대의 가운데 계단에는 남·동·서·북의 네 방향에 사방신을 배치했고, 그 아래 기둥에는 28수 별자리를 나타내는 동물들을 방위에 따라 배치했다. 12간지의 동물상은 하월대의 네 곳 정방향에 두었다.

● 별자리 28수(宿)와 상징 동물

방위			목(木)	금(金)	토(土)	일(日)	월(月)	화(火)	수(水)
	四神	干支							
동방(東方)	청룡(青龍)	묘(卯)	각(角)교(蛟)	항(亢)용(龍)	저(氐)낙(貉)	방(房)토(兔)	심(心)호(狐)	미(尾)호(虎)	기(箕)표(豹)
북방(北方)	현무(玄武)	자(子)	두(斗)해(獬)	우(牛)우(牛)	여(女)복(蝠)	허(虛)서(鼠)	위(危)연(燕)	실(室)저(猪)	벽(壁)유(貐)
서방(西方)	백호(白虎)	유(酉)	규(奎)랑(狼)	루(婁)구(狗)	위(胃)치(雉)	묘(昴)계(鷄)	필(畢)오(烏)	자(觜)후(猴)	삼(參)원(猿)
남방(南方)	주작(朱雀)	오(午)	정(井)안(犴)	귀(鬼)양(羊)	류(柳)장(獐)	성(星)마(馬)	장(張)록(鹿)	익(翼)사(蛇)	진(軫)인(蚓)

월대를 오르는 네 방향에 있는 12곳의 계단 아래에는 용두(龍頭)를 장식하고, 월대 난간의 네 귀퉁이에는 서수를 조각해 놓았다. 월대 계단의 양쪽 엄지기둥마다 모두 법수(서수)를 조각해 놓았고, 남쪽 어계의 상하 ※어간석(답도)에는 봉황 한 쌍씩을 조각해 넣었다.

남쪽 계단에는 아래층부터 해치(獬), 안(犴), 말(馬), 주작(朱雀)을 배치했다. 이들은 남방칠수에 해당하는 서수로 말은 오방(午方)에 해당하는 동물이고, 맨 위층의 주작은 남쪽 방위신이다.

● 남방칠수(南方七宿): 안(犴), 양(羊), 노루(獐), 말(馬), 사슴(鹿), 뱀(蛇), 지렁이(蚓)

근정전 월대 난간 네 귀퉁이를 장식하는 서수

※《경복궁 영건일기》의 기록 중 남쪽 계단에 놓인 서수의 위치에서 안과 말의 위치를 혼동했기에 바로잡는다. 말이 3층이고 안이 2층이다.

** 답도인가, 어간석인가?

궁궐에 가면 의례 경복궁의 법전 근정전이나 창덕궁 인정전의 월대 게단 가운데에 있는 넓적한 돌판석을 답도라고 했다. 그런데 이 답도 라는 용어를 제대로 쓰고 있는지 생각해 볼 필요가 생겼다. 일본 와세다대학교 도서관에 소장되어 있는 《경복궁 영건일기》가 우리나라에 소개되고 나서 2019년 번역서가 나온 뒤 우리는 그동안 그러려니 하고 써오던 용어가 다르게 표기된 것을 확인할 수 있었다. 답도 그중 하나인데, 《경복궁 영건일기》에는 어간석(御間石)이라고 명시되어 있다.

동쪽 계단에는 1층이 토끼(묘방卯方)에 해당하고, 2층의 용은 청룡(青龍)을 조각하여 동쪽 방위신으로 놓았다. 동쪽의 측면 계단에는 1층은 낙타(駱), 2층은 교룡(蛟)이다.

- 동방칠수(東方七宿): 교룡(蛟), 용(龍), 낙타(駱), 토끼(卯), 여우(狐), 호랑이(虎), 표범(豹)

서쪽 계단에는 1층은 닭(鷄)으로 유방(酉方)에 해당한다. 2층은 호랑이를 서쪽 방위신 백호(白虎)로 조각해 놓았다. 서쪽의 측면 계단에는 1층에 원숭이(猿), 2층은 이리(狼)이다.

- 서방칠수(西方七宿): 이리(狼), 개(狗), 꿩(雉), 닭(鷄), 까마귀(烏), 원숭이(猴), 원숭이(猿)

북쪽 계단에는 1층에 쥐(鼠)를 자방(子方)에 놓고, 2층은 북쪽 사방신으로 현무(玄武)를 조각해 놓았다.

- 북방칠수(北方七宿): 해치(獬), 소(牛), 박쥐(蝠), 쥐(鼠), 제비(燕), 돼지(猪), 닭(貐)

이렇게 복잡한 별자리의 개념을 근정전 월대 서수 조각에 대입을 한 것은 근정전의 상징성 때문이다. 국왕이 국정을 펼치는 가장 근엄한 법전에 천문의 개념을 배치함으로써 하늘을 관장하는 시공간의 초월자로서의 권위를 부여해 주는 의미가 있는 것이다. 이 28수의 개념은 다시 근정전 내부에 있는 국왕의 존재와 연결되는데, 왕의 용상 닫집과 천장 중앙 보개에 설치한 칠조룡이 웅혼한 기상을 드러내고 있다.

해치 가족

《경복궁 영건일기》에는 "근정전 상하 월대의 네 귀
퉁이에 쌍법수석(雙法獸石)을 각각 1좌씩 둔다"고 했다. 즉《경복궁 영건
일기》기록에는 모두 8기의 쌍서수 조각을 두었다고 했는데, 이는 기록
자의 착오로 보인다. 현재 상하월대의 전면 양쪽, 4군데에만 해치 가족
조각이 있다.

월대의 남쪽 동서 양끝에 앉아
서 궁궐을 지키는 해치 가족의 조
각상은 아주 재미있는 형상을 하
고 있다. 각자 자기 위치에서 왕을
호위하는 근위병의 역할을 충실히
하고 있다. 새끼는 어미의 옆구리
에 찰싹 붙어 있는 앙증맞은 모습
이 보인다. 동물까지도 대를 이어
왕을 지키겠다는 충성스러운 각오
를 보여주는 조각이다.

어미 젖을 빨고 있는 새끼 해태의 모습

유득공의 아들 유본예가 펴낸《한경지략》에는 이 동물 가족을 돌개
로 소개하고 있다. 1770년 경복궁을 구경한 실학자 유득공은《영재집》
15〈춘성유기春城游記〉에서 이렇게 기록했다. "암컷은 새끼를 한 마리
안고 있다. 무학대사가 남쪽 오랑캐가 침략하면 짖도록 만들었고, 어미
개가 늙으면 새끼가 뒤를 이어 짖도록 했다고 전해온다."

경복궁 근정전 월대의 돌조각들은 대체로 그런 표정으로 대충 무서운 척하고 있다. 이빨을 앙다물고 있기는 하지만 보는 사람의 몸이 움츠러들 만큼 무서운 인상은 이곳에서 찾아볼 수 없다. 이건 순전히 조각하는 사람의 심성이 그렇게 생겼으니 제 생긴 대로 저 같은 표정의 작품을 내놓았다고 해석할 수밖에 없다. 자기 성향대로 저 닮은 작업을 하는 게 당연하듯이 그렇게 생긴 사람이 또 그렇게 생긴 형상을 만들어 낸 것이다.

중국이나 일본 궁궐의 서수 조각들을 보면 그 살벌한 인상의 사실성에 깜짝 놀라고 실제로 두려운 마음이 들게 한다. 실은 그렇게 위압적인 모습이라야 궁궐에 접근하는 자에게 위엄을 갖추고 겁을 줄 수 있는 것이다.

화강암은 단단하고 거친 돌이다. 이런 돌을 가지고 아주 사실적으로 세밀하게 묘사하려면 자칫 돌의 성향을 거스르게 된다. 우리 조선의 옛 석공은 돌의 성질을 알고 그 돌이 만들어내고 싶은 인상을 허락했을 것이다. 바로 이 땅에서 출토되는 가장 흔한 돌 화강암이 지니는 투박하고 거칠지만 따뜻한 돌의 성질을 이끌어낸 조선 석공들의 뛰어난 솜씨를 근정전 석수 조각이 보여주고 있다.

● 향로

(국립고궁박물관 소장)

경복궁 근정전과 덕수궁 중화전 향로

정(鼎)은 고대 중국에서 유래된 왕권을 상징하는 배가 둥근 솥으로 다리 셋에 테두리에 귀가 둘 달린 향로 모양이다. 고대 중국의 천자(天子)가 아홉 개의 정을 소유한 유래에서 정은 왕권을 상징하며, 백성들을 편안히 살게 하고 하늘의 복을 기원하는 상징물로 쓰였다. 근정전 향로를 받치는 세 개의 다리는 사자 모양으로 불과 연기를 좋아하는 산예(狻猊)를 형상화한 것이다. 정 테두리에는 투각된 팔괘(八卦)의 의미는 위로는 천문을 살피고 아래로는 땅의 이치를 살펴서 만물을 다스리는 임금의 자세를 말해주며, 근정전이 우주의 생성의 중심에 있다는 의미를 부여하고 있다. 향로 몸체 어깨에는 연판문을 두르고,

《조선고적도보》(1930년)에 나온 근정전 향로

경복궁 근정전 향로의 팔괘

아랫부분에는 물결이 파동 치는 수파문(水波文)이 새겨져 있다.

근정전 앞 양쪽 기단에 붙박이로 있는 큰 향로는 실은 정인지 향로인지 그 명칭이나 용도가 정확하지 않다. 1900년대 초 근정전 월대를 찍은 사진에는 향로에 뚜껑이 덮여 있었으며, 실록이나 《승정원일기》의 기록에는 근정전에서 행사가 있을 때 향을 피웠던 향로에 대해 언급하고 있다.

《경복궁 영건일기》에도 고종이 근정전을 새로 짓고 백단향(白檀香)을 피우며 국태민안을 빌었다는 기록이 있다.

● 《경복궁 영건일기》 1867년(고종 4년) 11월 16일 오시(午時)에 근정전에서 하의를 받는데 좌우 월대의 동로(銅盧)에 백단향(白檀香)을 피웠다.
진하의(陳賀儀)…액정서(掖庭署)는 어좌를 근정전의 북벽에 남향으로 설치하고 보안(寶案)을 어좌 앞 동쪽에 가깝게, 교서안(敎書案)을 보안의 남쪽에, 향안(香案) 2개를 전(殿) 밖의 좌우에 설치한다.…

● 칠보 향로

고종이 창덕궁 연경당에서 찍은 사진 속의 칠보 향로

향로는 불교의 영향을 받아 삼국시
대부터 전래되었다. 삼국시대에 제
작된 백제 금동대향로가 있고, 고려
시대에는 화려하게 조각한 청자 향
로들이 귀족의 사랑을 받았다.
청자 투각 칠보 무늬 향로의 몸통
부분은 국화 꽃봉오리 모양으로 겹
겹이 꽃잎들이 몸통을 감싸고 있고,
잎맥과 돌기 등이 섬세하게 표현되
어 있다.

청자 투각 칠보 무늬 향로
(고려시대, 국보 제95호, 국립중앙박물관)

궁궐 정전에서 중요한 국가 의례가 베풀어질 때마다 액정서(掖庭署)는 임금 자리를 정전 북쪽 벽에 마련하고, 정전 앞 좌우 기둥 앞에 향로를 설치했다. 임금이 향을 피우는 행위는 하늘과 소통하는 의미이기 때문에 이는 하늘을 대신해 백성을 다스리는 통치권자로서의 상징성으로 매우 중요한 일이었다. 예전에는 다른 궁궐의 정전에도 의례 때 향을 피우던 향로가 설치되었을 가능성이 있겠지만, 현재 정전 앞에 남아 있는 향로는 경복궁 근정전과 덕수궁 중화전 월대 두 군데 뿐이다.

중국 자금성 태화전의 향로

궁궐 정전 앞에 향로를 진열한 사례는 중국의 *자금성(紫禁城) 태화전(太和殿)에서도 찾아볼 수 있다. 태화전 월대 동서쪽에도 각각 한 개의 동제(銅製) 향로가 배치되어 있다. 황제 즉위식을 비롯해서 원단(元旦)과 동지 행사, 조서 반포, 황제와 황태자 탄생 축하연 등 국가 의식이 행해질 때 향을 피웠다.

⁑ 자금성 태화전
　1406년부터 1420년에 걸쳐 명나라 영락제(1360~1424)가 수도를 난징에서 베이징으로 옮기면서 지은 자금성의 정식 명칭은 '고궁박물원(구궁보우위안故宮博物院)'으로 '천제가 사는 자궁(紫宮)과 같은 금지(禁地) 구역'이란 의미이다. 명·청 시대 황제들이 의식이나 축전 등 대외적인 정무를 책임지고 관리하던 장소인 외조와 황제의 개인적인 공간을 엿볼 수 있는 내정(內廷)으로 나뉜다. 태화전(太和殿)은 금란전(金鑾殿)이라는 이름으로 더 잘 알려져 있으며, 황제가 관료들을 접견하던 정전(正殿)이다.

덕수궁 중화전의 향로

● 드므

소방기구 드므

드므는 순 우리말로 높이가 낮고 넓적하게 생긴 독을 말한다. 근정전 하월대 모퉁이에 있는 무쇠로 만든 큰 물동이를 드므라고 부른다. 원래 궁궐 전각의 드므는 화재가 났을 때 불을 끄기 위해 물을 채워놓았던 소방기구이다. 조선의 전통 건축 재료는 기와와 주춧돌을 제외하고는 대부분 나무를 썼고, 전각과 전각이 회랑이나 행각으로 연결되어 있는 구조는 화재에 매우 취약했다. 옛사람들은 화마(火魔)가 하늘로부터 온다고 믿었는데 집을 향해 오던 화마가 드므에 담긴 물에 비친 자기의 모습을 보고 그 흉측한 모양새에 놀라 달아나기를 바랐던 벽사의 의미도 있다.

창덕궁에는 인정전과 왕비 침전인 대조전, 그리고 편전 선정전에 드므가 놓여 있다. 인정전에는 상월대와 하월대 동서쪽에 한 개씩, 모두 네 개의 드므가 놓여 있다. 창덕궁의 드므는 청동제이며, 상월대의 것은 입언저리가 없고 하월대의 것은 넓은 입언저리가 안쪽으로 모아져 있고 손잡이가 달려 있다. 창경궁 명정전과 통명전 월대에도 각각 두 개씩의 드므가 남아 있다.

궁궐의 정전과 침전 월대 위에 드므가 놓여 있지만 지금 놓여 있는 데가 원래의 자리인지는 확신이 없다. 〈동궐도〉에 보면 드므가 월대 아래 마당에 놓여 있고, 어떤 것은 집의 뒷마당에 놓인 것도 볼 수 있다. 현재 경복궁 근정전 하월대 동서 계단 옆에 놓여 있는 드므는 《조선고족도보》의 사진에는 월대 아래 앞마당에 있고, 1929년 촬영한 유리건판 사진에는 지금과 같은 자리에 놓여 있다. 이처럼 드므는 움직일 수 있는 물건이므로 위치가 바뀔 수 있지만, 원래 자리는 월대 아래였을 것으로 생각된다.

창경궁 통명전 월대의 드므

덕수궁의 드므

        드므는 화마를 물리치는 기능 외에 길상의 의미도 가지고 있다. 덕수궁 중화전 하월대의 동서 양쪽에 놓여 있는 커다란 무쇠 드므는 그 크기로 보아서는 경복궁 근정전의 드므보다 조금 더 크다. 월대에 있는 네 개 중 앞쪽 두개의 드므 표면에 도드라지게 드러낸 길상문자로, 동쪽에 놓인 드므에는 국(國)·태(泰)·평(平)·만(萬)·년(年) 다섯 자를, 서쪽 드므에는 희(囍)·성(聖)·수(壽)·만(萬)·세(歲)의 다섯 자를 새겼다. 풀이하면 '나라가 태평하게 만년토록 이어지시라'는 뜻이고, '성명(聖明)한 임금의 수명이 만세에 이르니 기뻐하다'라는 뜻이다. 성수(聖壽)는 임금의 수명을 일컫고, 만세(萬歲)는 영원히 존재하기를 바

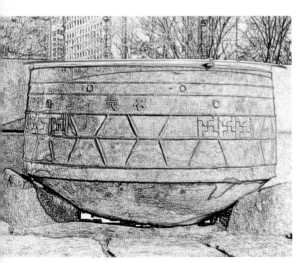

덕수궁 중화전 서쪽 드므

란다는 뜻으로 옛 봉건 국가의 최고 통치자 즉 황제를 송축하는 최고의 덕담이다. 조선은 중국의 제후국을 자처하였으므로 즉위식에서 산호를 할 때도 중국의 황제는 '만세'이고 조선의 왕은 '천세'였다. 덕수궁의 드므에는 대한제국 선포 이후의 변화를 볼 수 있어서 흥미롭다.

● 괴석

태고의 견고성을 벗삼다

도교의 영향권에 있는 우리나라를 비롯한 동양인은
사람도 자연의 일부라고 생각해 왔다. 신선사상은 인간이 선한 일을 하
고 그 도가 경지에 이르면 불로불사의 신선이 될 수 있다고 믿는 사상
이다. 창덕궁 연경당 가는 길에 세운 불로문(不老門)은 우리가 아직도 신
선사상에 길들여 있다는 증거이기도 하다.

옛날 상류사회의 사대부나 문인들이 자연을 즐기는 방식 중 하나가
괴석이다. 괴석을 석분에 심어 정원의 화계 위, 담장 아래, 연못 주변,
후원 등에 화훼류와 나란히 더불어 세워 조성한다. 괴석을 즐기는 방법
은 차경(借景)의 일종으로 괴석을 통해서 대자연의 세계를 보고, 그 정취

창덕궁 후원 연경당 가는 길목의 불로문

를 심상으로 즐기는 것이다. 가까이서 괴석을 보면, 돌이 지닌 형상과 색뿐 아니라 지질학적 특성으로 암석이 갖는 결이나 돌 표면의 이끼, 돌이 견디어내는 바람과 비와 흩날리는 눈발을 볼 수도 있다. 이렇게 정원에 놓인 작은 괴석을 통해 계절의 변화를 느끼고 넓고 깊은 산수(山水) 간의 풍경을 보는 것이다. 땅에 드리워진 돌 그림자에서 산그늘의 정취를 느끼던 옛사람들은 괴석을 단지 기이하게 생긴 돌로서가 아니라 작은 형상에서 커다란 산수를 마음에 그려 즐겼다.

이렇게 암석은 일반인이 보기에 생명 없는 무생물로 보이겠지만, 옛사람들은 그 평범한 돌덩이에서 특별한 의미를 찾아냈다. 옛사람들이 괴석을 특별한 자연으로 가까이 하려 했던 이유는 불변하는 괴석이 갖는 장생의 의미였을 것이다. 자연계의 꽃과 풀이 생멸을 되풀이할 때 바위는 모든 것을 초월해 태초의 견고성을 지니고 있다는 점에서 벗 삼을 가치가 있다고 믿었던 것이다. 이처럼 괴석이 놓인 공간은 산수가 되고 사람들은 자연과 합일하는 호연지기(浩然之氣)를 느꼈다.

창덕궁 후원 애련정 뒤편 연못 주변의 괴석

자연을 빌리는 차경

창덕궁 낙선재 뒷마당에 괴석을 받쳐놓은 석분이 있다. 육모석분에는 소영주(小瀛州)라고 새겨져 있다. 소영주는 작은 영주라는 뜻으로, 영주(瀛州)는 봉래(蓬萊), 방장(方丈)과 함께 도교(道敎)에서 말하는 삼신산(三神山)의 하나인데 동쪽 바다 한가운데 있으며, 신선들이 살고 영생불사약이 자란다는 선경(仙境)이다. 그리고 소영주와 연결하여 괴석에는 운비옥립(雲飛玉立)이라고 새겨져 있는데, 이곳이 바로 구름이 날고 옥돌이 서 있는 선계임을 일컫는 말이다. 원래 '운비옥립'이란 말은 '날 때는 구름이 나는 것과 같고 앉아 있을 때는 우뚝 솟은 옥과 같다'는 뜻으로 매의 멋진 자태를 묘사한 말인데, 괴석에 이 말을 새긴 뜻은 이곳이 소영주 신선세계라는 것을 강조하기 위해 그 문구를 빌려온 것으로 보인다.

창덕궁 낙선재 뒤뜰의 소영주 괴석

그 옆의 네모난 큰 돌 연지에는 전서체로 금사연지(琴史硯池)라고 새겨져 있어서 집 주인이 거문고와 역사책을 즐기는 곳이라는 것을 말해주고 있다. 괴석과 돌 연지는 그 자체로도 감상할 수 있지만 조금 더 깊은 의미를 생각해 보자면 옛사람들의 자연을 즐기는 또 하나의 방법에 접근해 볼 수 있다.

차경(借景), 그대로 풀이하자면 경치를 빌려 온다는 뜻이다. 돌 연지에는 연을 심어 감상하기도

창덕궁 낙선재 뒤뜰의 전경
가운데 네모난 돌 연지에는 금사연지라고 새겨져 있다.

하겠지만, 그와 동시에 그 연지의 물에 비친 또 하나의 풍경을 즐기겠다는 의미이기도 하다. 산을 통째로 들어 옮겨 즐기는 것이 아니라 작은 괴석 하나를 내 마음의 산으로 품어 즐기는 또 다른 차원의 자연 감상법이다. 넓은 땅에 큰 연못을 파서 즐기기도 하려니와 좁은 뒤란에서 연지에 물을 담아 그 물에 비친 하늘을 즐기는 것이 우리 조상들이 자연을 감상하는 또 다른 방식이었다.

돌 연지 옆에 놓인 괴석분에는 앞면에 사자개를 조각하고, 옆면에는 모란과 봉황을 조각했다. 괴석을 감상하고 자연을 즐기면서 그 치장에서 벽사와 길상을 보탠 것이다. 사자개는 그림이나 조각으로 볼 수 있는데, 매우 용맹하고 귀신을 물리친다는 상상의 동물이다. 그런데 사자개의 목에 주인이 매주었을 것으로 보이는 방울목걸이가 있다. 옛사람들은 금속방울소리가 사악한 기운을 물리친다고 생각했다. 개를 가축으로 길들이던 인간이 벽사의 임무를 위해 불러온 서수에게도 영락없

164

이 방울을 달아주고 주인에게 충실
할 것을 요구하고 있다. 이 사자개
를 창덕궁 후원 연경당 장락문 앞
에서 다시 만날 수 있다.

창덕궁 낙선재 뒤뜰 괴석분의 사자개 조각

　창덕궁 후원에 가면 여러 곳에 괴석을 놓은 것을 볼
수 있다. 애련정 뒤편의 석계에는 양쪽으로 괴석분이
놓여 있는데, 이를 두고 애련정과 함께 삼신산을 표현
했다고 한다. 애련정 뒤편의 괴석은 200여 년 전 제작
된 동궐도에도 지금과 같은 위치에 그려져 있다. 이곳
에서도 괴석분의 사자개가 조각된 것을 볼 수 있다.

창덕궁 후원 애련정 괴석분에 조각된 사자개

궁궐
꽃담의
문양과
은유

4

한국인의 꽃담

우리나라 사람들은 예부터 집의 내부 장식뿐만 아니라 집을 두르고 있는 담장이나 벽체에 아름다운 무늬를 놓아 치장하고 꾸몄다. 이렇게 담장의 벽면을 무늬로 아름답게 꾸며 장식하는 담장을 꽃담이라고 불렀는데, 이를 화초장(花草墻)이라고도 한다. 꽃담이라는 명칭은 문헌에는 회면벽(繪面壁), 회벽화장(繪壁華墻), 화문장(華汶墻), 영롱장(玲瓏墻)이라 기록되어 있고, 한자어를

낙선재 후원의 굴뚝 길상문자 수(壽)

차용해 화담(花墻), 화초담(花草墻), 화문담(花汶墻)으로 불리기도 한다. 여러 가지 재료로 길상 문자나 무늬를 넣고 쌓은 담이 바로 꽃담이다.

고려시대에 장가장(張家墻)이라는 유명한 꽃담이 있었는데, 중국에서 온 사신들도 그 꽃담을 보고 궁궐의 꽃담보다 아름답다고 칭송하였다고 한다. 장가장이란 말 그대로 '장씨 가문의 담'이라는 말로 장씨는 아랍인으로 고려에 귀화하여 권세를 누리던 인물이었다. *장순룡의 집 담을 쌓을 때 화초(花草) 무늬를 넣었는데, 사람들이 이를 두고 장가장이라고 불렀다고 한다.

** **장순룡**
고려시대 귀화한 장순룡은 회회(아랍) 출신으로 본래 이름은 셍게(三哥)이다. 충렬왕 때 왕비 제국대장공주(齊國大長公主)의 게링코우(怯怜口)로 따라 왔다가 고려에 귀화하여 첨의참리(僉議參理)를 역임한 인물이다.

● 《고려사》 권123, 열전 권36 장순룡조(張舜龍條)

장순룡은 본래 회회인(回回人: 아랍인)이었다. 초명(初名)은 삼가(三哥)로 아비가 원나라 세조(世祖)를 섬겨 필도지(고려 때 정방에서 서기 일을 맡아보던 관원을 몽고에서 이르던 말)가 되었다. 장순룡은 제국공주(齊國公主)의 겁령구(怯怜口: 게링코우)로 와서 낭장(郎將)을 받고 여러 번 승진하여 장군이 되어 지금이 성명으로 바꾸었다. …장순룡은 인후(印侯), 차신(車信)과 권세를 다투고 사치스러움을 겨루어 집을 몹시 사치스럽고 화려하게 지었는데, 기와와 조약돌로 바깥 담장을 쌓으면서 화초의 형상으로 무늬를 놓았다. 그때에 장가(張家)네 담장이라고 불렀다.

초기의 화초담은 아랍에서 수입한 타일들로 건물의 벽체나 담장을 치장하다가 그 뒤 이를 모방하여 전통적인 무늬의 문양전이나 벽돌을 이용한 것으로 보인다. 이처럼 화초담의 역사는 고려 말부터 시작된다고 할 수 있는데, 조선시대에 와서는 화초담의 무늬와 같은 것이 건물의 벽체와 합각벽과 담장에 베풀어지는 경우도 있다.

그러나 성리학을 국가 통치의 기저로 삼았던 조선시대에 이르러서는 검소함을 숭상하는 풍조로 인해 지나치게 화려한 꽃담은 자취를 감추게 되었다. 대신 일반 서민의 민가나 사찰의 담장에는 크게 돈을 들이지 않고

청자상감모란무늬판 (고려시대, 국립중앙박물관 소장)
중앙에 모란당초문을 부각시키고, 학문과 구름문으로 화려함을 더했다.

창덕궁 낙선재 후원과 승화루 후원을 연결하는 꽃담

대체로 소박한 멋을 부린 꽃담을 찾아 볼 수 있다. 설령 돈 있는 귀족이나 양반 사대부의 경우라도 좀 더 공을 들여 담장을 쌓았을 수는 있었겠으나, 지나치게 화려한 것을 경계하던 조선시대의 특성상 요란스러운 치장으로 눈길을 끌지는 않았다. 실제로 일반 서민 가옥의 꽃담은 질박하면서도 주위의 환경을 이용한 자연스러운 멋을 느끼게 해준다. 그들은 소박한 재료를 이용하여 자신이 원하는 문양을 만들어내고 있으며, 질박한 돌이나 기와 깨진 조각을 버리지 않고 사용하는 지혜도 보였다. 깨진 기왓장을 버리지 않고 투박한 솜씨로 꾹꾹 박아 놓은 토담에는 구수한 한국인의 심성이 그대로 배어 있다.

꽃담은 바로 한국인의 미의식 '검이불루(儉而不陋) 화이불치(華而不侈)'를 그대로 보여주는 예이다. 흙으로 담을 세우고 흔한 벽돌이나 깨진 기왓

장으로 치장을 했으나 누추하지 않고, 아름다운 문양으로 그려냈으나 결코 사치하지 않다. 이처럼 그 집 주인의 심성을 읽을 수 있는 뽐내지 않고 수수한 아름다움을 보여주는 조선시대의 꽃담은 담장 아래 심은 봉숭아나 맨드라미, 국화 등 흔한 꽃하고도 잘 어울려서 사계절의 변화를 담아내고 있다. 그 소박한 꾸밈에 사람들은 소망을 담아 해와 달에 빌고 자손이 잘되기를 바랐다.

반면 궁궐 건축에 나타나는 공들여 치장한 꽃담은 절제된 미학의 정수를 보여주는 미술 문화라고 말할 수 있다. 궁궐의 꽃담은 섬세하고 격조 높은 아름다움으로 지나치게 화려하지 않고 은근한 멋을 보여준다. 이와 같이 우리의 전통 꽃담에서는 규모를 갖춘 궁궐이나 양반 귀족의 집뿐 아니라 서민들까지도 담장을 아름답게 꾸미는 일에 정성을 들인 옛사람들의 운치를 엿볼 수 있다.

창덕궁 청창각 굴뚝의 토끼와 박지 문양

궁궐 꽃담의 제작

　　꽃담을 제작하는 과정을 살펴보면 궁궐의 꽃담은 벽체의 두께가 상당히 두터운데, 중심 벽체는 전통 벽 쌓기를 한 후 안과 밖의 문양 구성을 다르게 치장한다. 꽃담의 제작에 쓰이는 주재료는 벽돌, 문양전, 삼화토이다. 곡선 문양에는 기와가 쓰이기도 하는데, 민가에서는 일반 기와를 적당히 깨서 쓰기도 하지만 궁궐의 꽃담에는 전돌이나 문양전을 번와소(燔瓦所: 기와 및 용두, 잡상을 제작하는 곳)에서 따로 형태에 맞게 만들어서 썼다. 궁궐 꽃담이 아름다운 것은 꾸며진 문양의 형상이 그 당시 최고의 장인에 의해 제작된 수준 높은 작품이라는 이유뿐만 아니라 미적 조형 원리를 바탕으로 한 비례감에 있다.

　우선 담장을 쌓을 때 보이는 비례감과 색의 조화가 어떻게 이루어지는지 살펴보면 쉽게 이해할 수 있다. 궁궐 담장에는 돌과 벽돌을 함께 쓰는데, 담 아랫부분에는 장대석으로 안정감 있게 받쳐주고, 그 위의 단에는 중간 크기의 사고석(四塊石)을 배열했다. 그리고 좁은 폭의 벽돌을 담장 윗부분에 배치해서 시각적인 안정감을 주고 있다. 뿐만 아니라 사고석과 벽돌 테두리에 삼화토로 화장줄을 치는데, 이때에도 역시 돌이나 벽돌의 면 크기에 따라 화장줄의 간격을 조정한다. 그리고 가로선으로 쌓여진 담장을 마무리하는 맨 꼭대기 선에는 담장 기와의 암키와와 수키와가 만들어내는 지붕골의 촘촘한 세로선이 담장선과의 대비를 만들어 자칫 지루해질 수 있는 벽면에 변화를 주고 있다.

붉은색과 흰색이 조화를 이룬 경복궁 교태전 담장

　　경복궁의 교태전과 자경전의 꽃담에는 형상을 만들어 구워낸 문양전
과 함께 붉은색 벽돌을 주로 썼다. 이때에는 화장줄의 삼화토 흰색과
벽돌의 붉은색이 아주 화려한 색 조화를 이룬다. 얼핏 볼 때 붉은색 벽
돌이 주재료인 듯 생각될 수 도 있으나 흰색 화장줄과의 조화는 꽃담
구성에 있어 절대적이다. 우리가 조금만 눈여겨보면 붉은 벽돌과 화장
줄은 서로 2:1 비례이거나 1:1 비례로 어느 한쪽도 소홀해질 수 없는
절대적인 비례감을 보유하고 있다는 것을 알 수 있다.

　　이러한 비례감에 의해 이루어지는 색면의 조화에서 채도가 높은 붉
은색과 무채색의 흰색은 더욱 산뜻한 조화를 보여준다. 조금 거리를 두

고 꽃담을 바라보았을 때 전체 색의 조화가 화려하면서도 산뜻해 보이는 이유가 이러한 색 대비와 비례의 조화에서 오는 것이다. 그 세련된 비례감은 창덕궁이나 덕수궁의 꽃담에 쓰인 검은 벽돌과 삼화토의 흑백 대비에서도 반감되지 않는다. 경복궁의 꽃담에 나타나는 화려하고 따뜻한 조화감이 창덕궁과 덕수궁에서는 흑백의 대비에 의한 궁궐의 또 다른 기품을 보여주고 있는 듯하다.

그러나 무엇보다 꽃담이라는 장식담의 명칭이 의미하듯 꽃담의 꾸밈에 있어서 문양의 회화성은 매우 중요한 구성 요소이다. 여러 가지 상징적 의미와 함께 미적 요소를 내포한 문양은 그 형태 제작에서부터 디자인을 고려한 단순화 작업을 통해 의도하는 상징성을 강하게 드러내고 있다. 우선 어떤 형태를 디자인하여 흙으로 제작한 후 불에 소성을 한다. 초벌 온도에 구워진 형태를 바탕이 되는 벽면에 설치한 후 그 형태를 고정시키는 삼화토로 흰 면 처리를 한다. 이렇게 완성된 꽃담 문양을 보면 흰 바탕에 그려진 한 폭의 그림을 연상하게 된다. 형상을 구워내는 과정에서 너무 크거나 복잡한 형태는 몇 조각으로 나누어서 만든다. 이 과정에서 불의 온도나 가마 내부의 조건에 따라 색의 변화가 나타나는데, 이런 색 변화로 인해 작품의 회화성이 더욱 강조되는 경우도 볼 수가 있다. 궁궐의 꽃담 제작에 사용되는 면적이 다양한 벽돌이나 형상 무늬는 궁궐 전용 번와소에서 용도에 맞게 특수 제작해서 사용했다.

흑백이 조화를 이루는 창덕궁 낙선재 뒤뜰의 남상

궁궐의 꽃담 장식은 경복궁과 창덕궁에 가장 많이 남아 있고, 덕수궁에도 일부 남아 있다. 그중 경복궁의 내전 영역으로 교태전과 자경전에는 담장과 굴뚝을 비롯한 여러 곳에 오래 된 꽃담 치장이 남아 있어서 그 정성과 아름다움을 볼 수가 있다. 최근에 복원한 교태전 영역의 꽃담은 잘못된 부분도 있고 시공 방식이나 재료가 전통 방식으로 이루어지지 않아서 가까이 보면 상당히 거칠고 서툴러서 안타깝다.

만들어 진 지 100년이 넘은 경복궁 자경전 서쪽 담에 펼쳐진 꽃담 문양은 가까이 볼수록 형상을 만든 기법이 섬세하고 아름답다. 매화, 모란, 국화, 석류 등의 형상 무늬와 장(長), 춘(春) 등의 길상문, 그리고 귀갑문, 만자문 등의 기하 무늬로 구성된 자경전 꽃담은 은유와 상징으로 가득 채워져 오늘날까지도 그 아름다움을 보여주고 있다.

교태전 아미산의 화계

교태전의 뒤편 후원에 들어서면 뭔가 아늑하고 평화로운 공간에 들어서는 느낌이 든다. 아미산(峨嵋山)이라 불리는 왕비 침전 뒤편의 야트막한 동산으로 철쭉 붉게 피는 봄날 교태전 대청마루에서 창문을 열고 내다보면 아미산 화계가 눈부시게 아름답다. 아미산에는 뒤편에 큰 나무가 숲을 이루고 그 아래 단에는 꽃나무를 심고 군데군데 괴석을 놓았다. 원래 아미산은 중국 산동성(山東省) 박산현(博山縣)에 있는 명산으로 도교에서는 신선이 사는 선경으로 그려졌다. 아미산의 아랫단 화계에는 두꺼비가 조각되어 있는 연꽃 모양의 물확이 두 개 있다. 서왕모(西王母)가 준 불사약을 몰래 훔쳐 먹고 두꺼비가 된 항아(姮娥)가 달에 살고 있으니 이곳 아미산이 곧 신선세계인 선경임을 의미한다.

안쪽 가장자리에 두꺼비가 조각된 물확

● 경복궁 교태전 아미산의 화계

아미산외 한월지   아미산이 낙하담

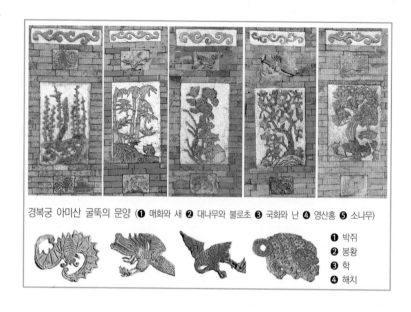

경복궁 아미산 굴뚝의 문양 (❶ 매화와 새 ❷ 대나무와 불로초 ❸ 국화와 난 ❹ 영산홍 ❺ 소나무)

❶ 박쥐
❷ 봉황
❸ 학
❹ 해치

　그리고 아미산 중턱 가운데에는 또 다른 두 개의 석연지가 있는데 '노을이 내려앉는 연못' 낙하담(落霞潭)이 동쪽에, '달을 머금은 연못' 함월지(含月池)가 서쪽에 있다. 네모난 작은 돌확을 두 개 조각해 놓고 거기에 낙하담, 함월지라 새겼다. 낙하담과 함월지는 해와 달을 담은 연못이니 이 또한 큰 자연의 차원 높은 차경(借景)을 보여주고 있다. 이렇게 작은 석연지에 붉은 노을이 비치고 은빛 달이 비치는 그림으로 선경의 시상을 떠오르는 곳이다. 왕비 또한, 매일 이 작은 못에 지는 노을과 동산에 머무는 달빛을 보며 선경의 항아가 되었을 것이다. 구중궁궐 깊은 곳에 사시는 왕비가 사시절의 변화를 즐기고 작은 꽃동산을 찾아드는 해와 달과 새소리에 위로 받기를 바랐던 배려이며, 왕비를 달세계의 항아로 묘사한 운치 있는 풍경이다.

아미산의 굴뚝

교태전 뒤편 아미산은 여성을 위한 공간답게 정성
들여 꽃담 치장을 한 담장과 굴뚝을 볼 수 있다. 화계 윗단에는 굴뚝
4기가 세워져 있는데, 붉은 벽돌을 사람 키보다 조금 높게 육각형으로
쌓고 그 위에는 기와를 얹어 지붕을 만들고 가운데에는 연기가 빠지는
연가(煙家)를 4개씩 얹었다. 연가는 온돌에서 빠져나온 연기가 땅 밑의
긴 연도(煙道)를 통해 화계위의 굴뚝으로 빠져나가도록 연결시켜 놓은
시설이다.

경복궁 교태전 뒤편 아미산 굴뚝의 봄

굴뚝의 각 면에는 삼화토 벽면을 바탕으로 소나무, 대나무, 매화를 일 컫는 세한삼우(歲寒三友: 추운 겨울의 세 벗)와 국화가 그림처럼 구워 박아져 있다. 이중 소나무, 대나무, 매화 세 벗은 엄동설한에도 변함없이 본연 의 기개를 잃지 않고 역경 속에서도 굳은 신조로 인내하며 극복한다는 의미가 담겨 있다. 사철 푸른빛을 유지하는 대나무와 소나무는 변함없 는 항상성으로 십장생에도 포함된다.

아미산 굴뚝의 각 면마다 그려진 매화 형상 문양은 매화와 봄소식을 알리는 새의 노래가 한 폭에 담겨 있는 화조도이다. 매화는 추운 겨울 지나고 이른 봄에 피어 봄소식을 전하는 꽃이라서 이 역시 어려움을 극복하고 난 뒤의 좋은 소식이 기다리고 있다는 길상의 의미가 있다. 아미산 굴뚝에 그려진 매화는 고목 등 걸에서 뻗어 나온 여린 가지에 이제 막 피어 나려는 꽃망울이 가득하고 작은 새 한 쌍이 날아 들어서 봄볕을 즐기고 있다.

그리고 이들 벽화 위와 아래에는 당초, 용 면, 학, 박쥐, 불가사리 등의 벽사(辟邪) 문양으 로 장식하여 자칫 칙칙해지기 쉬운 굴뚝을 아 름다운 조형물로 표현하였다.

아미산 굴뚝의 매화와 새

아미산 굴뚝 각 면의 꽃담 장식

자경전 서쪽 꽃담

　　경복궁 교태전 아미산을 지나 건순문(建順門)을 나서면 넓은 빈 터가 보인다. 군데군데 잔디를 심어 건물이 있던 자리임을 표시하고 있다. 바로 자미당이 있던 자리다. 자미당 터에 서서 교태전 바깥 담장과 자경전 서편 담장의 꽃담 치장을 보면 격조 높은 조선의 궁궐 건축이 얼마나 아름답고 화려한지 다시 한 번 확인해 볼 수 있다. 교태전 일곽을 감싸고 있는 담장 문양의 의미뿐만 아니라 꽃담이 보여주는 화려한 색채 대비는 우리를 감동시키기까지 한다.

살구꽃 핀 봄날의 자경전 꽃담 전경

　　자경전 서편 담장의 꽃담은 1800년대 후반에 제작한 것으로 조선 왕
조의 궁궐에 있는 꽃담 중 이보다 더 아름다운 꽃담은 찾아보기 힘들
다. 조대비의 침전인 자경전의 담장과 굴뚝에는 대비께서 '오래오래 행
복하게 사시라'는 기원을 담은 문양이 아름답게 꾸며져 있다. 한자 길
상 문양은 담장의 오른쪽에서 왼쪽으로 배치했다. 이를 읽어보면 낙
(樂), 강(康), 만(萬), 년(秊=年), 장(長), 춘(春)으로 오래도록 굳세고 생명이
돌아나는 화창한 봄날 같기를 바라는 소망을 담고 있다.

● 매화문

선비정신을 상징하는 꽃

매화는 추운 겨울을 이기고 이른 봄 꽃피어 청아한 향기로 제일 먼저 봄을 알리는 조춘화(早春花) 또는 보춘화(報春花)라고 불렸으며, 추운 겨울 청초하게 피어서 향기를 뿜는 그 고고한 모습이 군자의 사랑을 받았다. 매화는 사군자의 필두로서 고결한 선비정신을 상징하고 솔·대와 더불어 세한삼우(歲寒三友)로 일컬어진다. 문인 강희안은 《양천소록菁川養花小錄》에서 꽃의 품격을 말할 때 매, 국, 연, 죽, 소나무는 1품으로 분류하고, 매화는 화괴(花魁), 즉 꽃의 우두머리이며 선비의 꽃이라 했다. 매화는 청아하면서 속기(俗氣)가 없고 평생 춥게 살아도 향기를 팔지 않는다(梅一生寒不賣香)고 하여 꽃으로 선비의 품격을 상징했다.

옛사람들은 선비의 삶이 아무리 춥고 배고파도 그 정신만은 저버리지 않는 것처럼 추위가 한바탕 뼛속 깊이 사무치지 않고서는 매화의 은은한 향기를 맡을 수 없다는 것을 알고 매화를 사랑했다.

매화는 또 그 청초한 자태와 향기로 인해 아름다운 여인이나 항아(姮娥)에 비유되었다. 시에서 빙기옥골(氷肌玉骨), 즉 매화의 곱고 깨끗함을 칭송하는 말은 바로 청순하고 맑은 인상의 미인을 상징했다. 모란이 농염한 미인이라면, 매화는 가냘프고 청순한 미인으로 비유되었다.

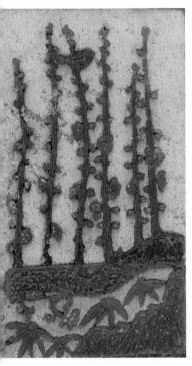

경복궁 아미산 굴뚝의 매화와 새

옥 같은 살결엔 아직 맑은 향기 있어
약을 훔쳤던 달 속의 미녀 항아의 전신인가.
– 이규보, 〈매화〉, 《동국이상국전집》

군옥산 머리에 제일 아름다운 선녀인가
눈같이 흰 살결 꿈에 본 듯 아리땁네.
– 이황, 〈대월영매對月詠梅〉, 《퇴계집》

경복궁 아미산 굴뚝의 매화는 각 면에 그려진 여러 그루의 매화가 봄소식을 알리는 새의 노래와 한 폭을 이루는 화조도이다. 아미산 굴뚝의 매화가 봄이 오면 피어나는 동산의 꽃들과 교태전 뒤뜰을 향기로 가득 채우고 이를 보는 사람도 왕비께서 매화 향 가득한 봄날을 즐기고 강녕하시기를 바라는 마음 가득하다.

그리고 자경전 서쪽 담장에는 이른 봄 매화가지에 앉아 달빛에 졸고 있는 작은 새가 가져온 봄빛을 한 폭의 화조도로 표현했다. 매화는 추운 겨울을 이기고 이른 봄 꽃피어 청아한 향기로 제일 먼저 봄을 알리는 조춘화(早春花)라고 불렀다. 보름달을 배경으로 어린 새가 한 마리 날아와 앉아 쉬고 있는 월매도(月梅圖)는 이곳 담장 안에 살고 있는 여성을 항아로 묘사한 은유이다.

경복궁 자경전 꽃담의 월매도

창덕궁 수강재 뒤편의 작은 문 옆 매화 문양이 새겨진 꽃담

창덕궁의 석복헌과 수강재 사이의 쪽문 벽면에 그려진 매화는 그 고목 등걸의 표현이 마치 농묵과 담묵을 자유자재로 표현한 사군자 한 폭을 불에 구워낸 것 같은 놀라움을 주는 꽃담 표현이다. 고목 등걸에 피어나는 붉은 매화의 꽃 색도 뛰어나고, 궁궐의 꽃담 중 가장 아름다운 격조를 지닌 매화도이다. 이렇게 형상 문양의 뛰어난 조형적 아름다움으로 볼 때, 분명 도화서의 전문 화원이 원본을 그린 뒤 그 그림을 바탕으로 번와소의 특수 도공이나 와공이 형태 제작을 했을 것으로 보인다.

● 모란문

부귀영화를 상징하는 꽃

모란은 꽃이 매우 탐스럽고 찬란하기 때문에 예부터 꽃 중의 왕이라는 뜻으로 '화중지왕(花中之王)' 혹은 나라에서 가장 빼어난 향이란 뜻의 '국색천향(國色天香)' 등으로 불렸다. 모란의 꽃이 붉어서 단(丹)이라 했고, 굵은 뿌리에서 새싹을 내는 수컷의 형상이라 목(牡)자를 붙였다고 한다. 모란은 당나라 낙양에 번성했는데 낙양의 위씨(魏氏) 집안에 자모란이 유명했고, 요씨(姚氏) 집안의 황모란이 유명해서 위자요황(魏紫姚黃)이라는 말이 생겼다.

경복궁 자경전 꽃담의 석모란 (사진 황은열)

우리나라에서는 오래전부터 화려한 꽃을 감상하거나 뿌리를 약으로 쓰기 위해 모란을 심었다. 삼국시대부터 모란에 관련된 기록이 남아 있고, 12세기 고려시대 청자기에 당초와 모란을 어우러지게 배치하여 무늬를 넣은 등 수많은 고려청자와 생활용품의 꽃무늬는 대부분 모란이 자리 잡았다. 조선시대에도 모란을 숭상하는 풍속은 그대로 이어져서 사람들은 모란을 그려 즐거운 일이 있을 때 집안을 장식하고 마당에는 모란을 심어 길렀다.

특히 조선 후기에 궁중회화 뿐 아니라 일반 서민들의 민화에도 부귀영화를 상징하는 모란이 널리 그려졌다. 집안의 화목과 번영을 기원하던 사람들은 서민들의 전통 혼례복이나 병풍에도 모란을 그렸다. 화가 남계우는 그의 화접도(花蝶圖)의 화제에서 모란은 저절로 부귀영화의 기상이 있어 당시 제일이라 모란을 칭송했다. 모란(富貴)이 목련(玉), 해당화(堂)와 함께 그려지면 부귀옥당(富貴玉堂)을 의미한다. 모란꽃을 병에 꽂은 문양은 부귀평안이라는 뜻이 되며, 모란과 백두조 한 쌍과 결합되면 머리가 하얗게 셀 때까지 부귀하다는 뜻이 된다. 자경전 담장의 석모란(石牡丹)에는 나비가 날아와 꽃향기에 취해 있다.

구름문

모란문

당초문

용교의(龍交椅) :
임금이 앉는 이동식 의자

신선원전 감실을 장식한 모란문

어좌 하단의 용문

창덕궁 신선원전 감실

신선원전 계단 소맷돌의
모란문과 태극문

● 복온공주 혼례용 방석 문양

모란　　연꽃　　나비　　봉황　　매화　　모란

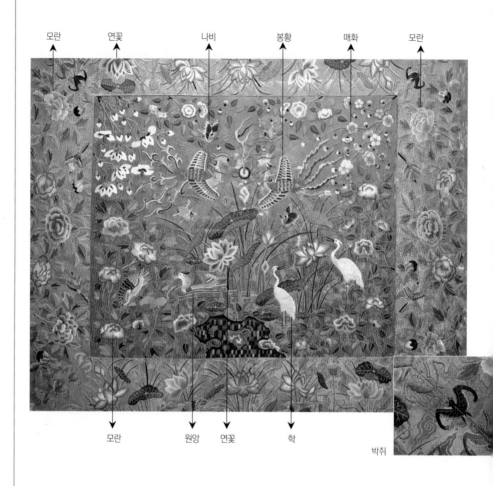

모란　　원앙　연꽃　　학

박쥐

봉황, 학, 원앙, 나비, 박쥐 등의 동물문과 모란, 연꽃, 매화 등 화려한 식물문으로 수놓은 보자기
(국립고궁박물관 소장)

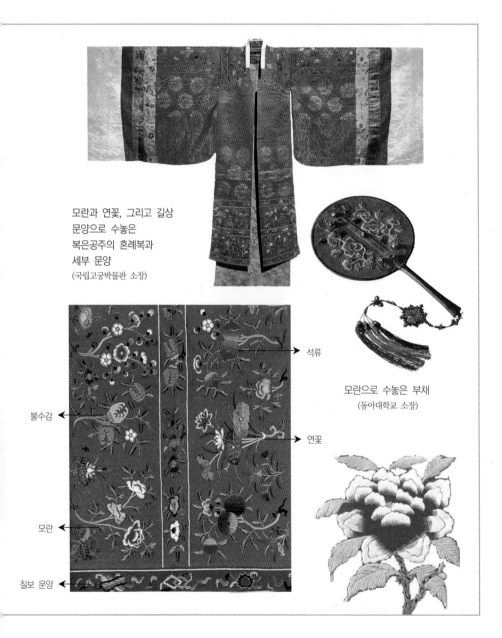

모란과 연꽃, 그리고 길상
문양으로 수놓은
복은공주의 혼례복과
세부 문양
(국립고궁박물관 소장)

석류

불수감

연꽃

모란으로 수놓은 부채
(동아대학교 소장)

모란

칠보 문양

● 난초문

은군자에 비유되는 꽃

난초는 사군자의 하나로 시인 묵객들의 사랑을 받아온 꽃이다. 난초는 잎이 청초하고 꽃의 자태가 고아할 뿐만 아니라 향기가 그윽하여 기품을 지니고 있는 풀이다. 문일평의 《화하만필花下漫筆》에는 난은 꽃이 적고 향기가 많으니 향문십리(香聞十里)라고 함이 턱없는 과장이 아니며 난을 제일향(第一香)이라 이름 하는 것도 이유가 있다고 말했다. 예로부터 난초의 이러한 모습을 군자나 고고한 선비에 비유하였다. 난초가 매화, 국화, 대나무와 같이 사군자로 존칭되는 것은 속기를 떠난 골짜기에서 저 혼자 유향을 풍기고 있는 고아한 모습에 유래한다. 그래서 사람들은 난을 말할 때 그 맑고 고고한 자태를 은군자(隱君

子)에 비유하였다. 난초가 깊은 골짜기에서 홀로 고고하게 향기를 품고 있는 모습이 세속의 이욕과 공명에 초연한 고결한 선비의 마음을 나타낸다 하여 유곡가인(幽谷佳人) 또는 군자향(君子香)이라고 불렀다.

세조 때 문인 이식(李湜)은 문집 《사우정집四友亭集》에서 난을 덕인(德人)으로 노래했다.

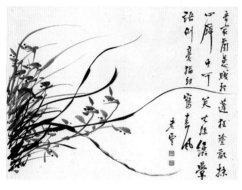

석파 이하응의 〈석난도〉

인간 세속에 물드는 걸 부끄럽게 여겨
(如愧人間被俗塵)
바위 골짜기 물가에서 살고 있네.
(叢生岩谷澗之濱)
비록 교태롭게 아양떠는 재주는 없지만
(雖無今色如嬌女)
스스로 그윽한 향기 지녀 덕인을 닮았도다.
(自有幽香似德人)

난초는 우의를 상징하는 대표적 식물로 이러한 난초의 이미지는 《주역》〈계사전繫辭傳〉의 "두 사람이 마음을 같이하면 그 이로움이 쇠를 끊고, 마음을 같이하는 말은 그 향기가 난초와 같다(二人同心 其利斷金 同心之言 其臭如蘭)"라는 구절에서 유래되었다. 이로부터 '금란(金蘭)'은 친구들 사이의 깊은 우정을 일컫는 대표적인 칭호로 상용되었다. 이로부터 난은 좋은 벗과의 사귐을 상징하는 식물로 굳건하게 자리 잡았다. 문인들도 이에 영향을 받아 친구사이의 우의를 일러 '금란지교(金蘭之交)', 혹은 '지란지교(芝蘭之交)'라 하였다.

● 국화문

기품을 지닌 꽃

　　국화는 뭇 꽃들이 다투어 피는 봄이나 여름을 피하
여 황량한 늦가을에 고고하게 피어난다. 시인 서정주는 〈국화 옆에서〉
에서 "한 송이 국화꽃을 피우기 위해 봄부터 소쩍새가 그렇게 울고, 먹
구름 속에서 천둥이 또 그렇게 울었나 보다"라고 노래했다. 사람들은
국화가 다른 꽃이 만발하는 계절을 참고 기다렸다가 서리 내리는 늦가
을 추위를 이겨내고 피는 꽃으로 군자의 인내와 지조를 연상했다. 옛사
람들은 국화를 말하기를, 일찍 심어 늦게 피니 군자의 '덕(德)'이요, 서
리를 이겨내고 피니 선비의 '지(志)'이며, 물 없어도 피니 한사(寒士)의
'기(氣)'라 하여 이를 국화의 삼륜(三倫)이라 하였다.

경복궁 교태전 아미산 굴뚝의 국화와 난 　　　　경복궁 자경전 꽃담의 국화 (사진 황은열)

　　중국 동진(東晋)의 시인 도연명(陶淵明, 365~427)은 국화를 은군자(隱君子) 또는 은사(隱士)라 불렀다. 사람들은 서리 내리고 찬바람 부는 벌판에 외롭게 피어난 국화에서 이 세상의 모든 영화를 버리고 자연 속에 숨어사는 기품이 높고 고결한 은사의 풍모를 느꼈다.

　　송나라의 범석호(范石湖)는 〈국보菊譜〉의 서(序)에서 국화의 은사적인 풍모를 다음과 같이 말했다.

　　"가을이 되면 모든 초목들이 시들고 죽는데 국화만은 홀로 싱싱하게 꽃을 피워 풍상 앞에 오만하게 버티고 서 있는 품이 마치 유인(幽人)과 일사(逸士)가 고결한 지조를 품고 비록 적막하고 황량한 처지에 있더라도 오직 도(道)를 즐기어 그 즐거움을 고치지 않는 것이나 다름이 없다."

또한 국화는 장수의 상징으로 여겨져 장수화(長壽花)로 불리기도 했다. 중국 북송(北宋) 태종(太宗)의 칙명(勅命)에 따라 이방(李昉) 등이 엮은 소설집 《태평광기太平廣記》의 기록에 의하면 형주(荊州)에 국화연못(菊潭)의 발원지 곁에는 국화가 흐드러지게 피어 있었고, 마을 사람들이 그 연못의 물을 먹고 살았다. 오래 사는 사람들은 200~300세를 살았으며, 보통은 백여 세를 살았는데, 70~80세를 사는 것을 요절로 여겼다고 한다.

덕수궁 괴석 받침의 국화문

● 대나무문

(문화포털 소장)

강직한 성품을 지닌 군자화

대나무 줄기는 곧게 뻗고 마디가 뚜렷하다. 마디와
마디 사이는 속이 비어 있어 대통을 이루며 마디는 막혀 있어 강직함을
유지한다. 대나무 잎은 추운 겨울 눈 속에서도 푸른빛을 잃지 않는데,
이러한 특성 때문에 사람들은 선비의 강직한 성품이나 정숙한 부인의
곧은 절개를 흔히 대나무에 비유했다.

《시경》의 〈위풍衛風〉에는 대나무를 군자로 칭한 최초의 기록이 보이
는데, 대나무의 고아한 모습을 군자의 높은 덕과 학문, 인품에 비유하
여 칭송했다.

기수(淇水) 저 너머를 보라
푸른 대나무 청초하고 무성하구나
고아한 군자가 바로 거기 있도다
깎고 갈아낸 듯
쪼고 다듬은 듯
정중하고 위엄 있는 모습이여.

중국 진나라 초기, 죽림칠현(竹林七賢)은 노자(老子)와 장자(莊子)의 무위(無爲) 사상을 숭상하여 세속을 피해 죽림에 은거하여 청담(淸談)을 나누었다. 대나무는 세한삼우, 사군자의 하나로 선비들의 사랑을 받았고, 윤선도는 〈오우가五友歌〉에서 사철 푸르며 욕심 없이 속이 비어 있는 대를 칭송했다. 이처럼 옛 선비들이 대나무를 칭송하며 글이나 문인화의 소재로 사랑한 데에는 대나무의 본성이 군자가 지향하는 이상적 관념과 일치하였기 때문이다.

경복궁 자경전 꽃담의 대나무 (사진 황은열)

당나라 시인 백거이(白居易, 772~846)는 〈양죽기養竹記〉에서 대나무의 네 가지 속성을 군세고[固], 바르며[直], 속이 비어 있고[空], 곧은[貞] 성질을 지녔다고 했다. 그리고 이를 군자가 취해야 할 덕성에 비유하여

경복궁 아미산의 굴뚝의 대나무문

노래하고, 그런 연유로 군자가 대를 많이 심어 정원의 나무로 삼는 다고 말했다.

첫째 수덕(樹德), 대나무는 그 본성이 굳으니 덕을 세울 수 있다.

둘째 입신(立身), 대나무의 성질은 곧으니 몸을 바르게 할 수 있다.

셋째 체도(體道), 대나무의 속은 비었으니 도를 체득할 수 있다.

넷째 입지(立志), 대나무는 마디가 곧으니 절도 있는 뜻을 세울 수 있다.

● 복숭아문

무병장수의 의미

《산해경山海經》에 의하면 고대 중국 서쪽 멀리 곤륜산(崑崙山)에 사는 신선 서왕모(西王母)가 반도원(蟠桃園)에 복숭아나무를 심었는데, 이 나무는 삼천 년에 한 번 꽃이 피고, 삼천 년에 한 번 열매를 맺고, 다시 삼천 년이 되어야 익는다고 한다. 서왕모의 선도(仙桃)는 불사약으로 하나를 먹으면 삼천갑자(三千甲子)를 산다고 하여, 복숭아는 예로부터 대표적인 장수의 의미를 지닌 길상으로 여겨져 왔다. 그리고 옛 그림에 목숨을 관장하는 장수의 신, 수성(壽星) 노인은 복숭아를 들고 등장한다. 복숭아는 무병장수를 의미하기도 하고, 복숭아 나뭇가지는 귀신을 쫓는 데 효과적이라는 주술적 의미도 있다.

경복궁 자경전 꽃담의 복숭아 (사진 황은열)

복숭아를 그려 무병장수를 기원한 조선시대 **〈해학반도도海鶴蟠桃圖〉 그림을 보자. 십장생도에 등장하는 10가지의 장생물은 일정하게 정해진 바는 없으나 그림의 소재는 해·달·산·물·구름·돌·소나무·거북·사슴·학·대나무·불로초·복숭아 등이 있다. 그런데 그림에 십장생의 소재를 다 등장시키지 않고 〈송학도〉나 〈해학반도도〉처럼 몇 가지의 소재만이 다뤄서 장생도의 의미로 그리기도 한다.

〈해학반도도〉는 불로장생(不老長生)을 기원하는 십장생도의 소재 중에서 바다와 학, 복숭아가 어우러진 신비한 선경(仙境)을 표현한 그림으

〈해학반도도〉 부분 (미국 데이턴 미술관 소장)

로 영원한 삶에 대한 염원이 담겨 있다. 〈해학반도도〉는 19세기 후반에서 20세기 초반 조선 왕실에서 크게 유행했으며, 왕세자의 혼례를 비롯한 왕실의 여러 행사와 왕세자의 천연두 완치를 기념하는 병풍으로도 여러 점 제작되었다. 〈해학반도도〉 병풍은 조선시대 궁중에서 왕실의 번영과 무병장수를 염원하면서 처소를 장식하기 위해 제작했으며, 각종 행사를 기념하는 계병으로도 많이 만들어졌다.

〈해학반도도〉에 그려진 복숭아

** 〈해학반도도〉

2020년 미국 데이턴 미술관에 소장되어 있던 〈해학반도도〉가 우리나라에서 보존 처리 과정을 거친 후 다시 소장처로 돌아갔다. 1920년대에 미국으로 건너간 데이턴미술관 (Dayton Art Institute) 소장 〈해학반도도〉는 배경 전면에 금박을 입힌 작품으로 크기가 210×720.5cm에 달하는 희귀한 병풍이다. 또 하나의 해외소장품인 하와이 호놀룰루 미술관이 소장한 〈해학반도도〉와의 비교를 통해 두 작품의 연관성이 드러났다. 호놀룰루 미술관 소장 〈해학반도도〉은 1902년 순종이 아버지 고종의 생일을 기리기 위해 제작한 것으로 판명된 금박 병풍으로 데이턴 미술관 소장 〈해학반도도〉와 소재별 도상이 비슷하며 서로 대칭되는 구성을 보이고 있다. 그리고 두 작품 모두 전통 십장생도 도상 외에 들꽃, 참나리꽃, 민들레 등의 들꽃이 수채화로 표현된 점 등 많은 부분에서 상호 연관성을 지녔다.

〈해학반도도〉와 비교할 또 하나의 궁중화는 〈요지연도瑤池宴圖〉다. 〈요지연도〉는 서왕모(西王母)가 사는 곤륜산(崑崙山) 요지(瑤池)에서 베풀어진 연회 장면을 그린 그림이다. 중국 고대 전설 속의 신선 서왕모가 요지에 주나라 목왕(穆王)을 초대해 연회를 베푸는 모습을 그린 그림으로 연회에 초대 받은 불보살과 신선들의 모습을 그렸다. 서왕모의 정원에는 삼천 년에 한 번씩 열린다는 복숭아나무가 자라는 반도원(蟠桃園)이 있어서 그 열매가 열리는 시기가 되면 신선들을 초대하여 잔치를 했다고 한다.

〈요지연도〉 속 서왕모

〈요지연도〉 8폭 병풍 (국립고궁박물관 소장)

불로장생(不老長生)의 도교적 주제를 담은 신선도는 국가와 왕조의 오랜 번영을 염원하는 뜻을 담아 조선 후기 궁중을 중심으로 유행하였다. 불로장생을 염원하는 인간의 입장에서 신선들의 세계를 들여다보는 것 같은 시각으로 구현한 그림이다. 기괴한 모습의 푸른 바위산이 솟아 있고, 흰 폭포가 여기저기 쏟아져 내리는 가운데 기다란 나무에서는 탐스러운 복숭아가 주렁주렁 매달려 있다. 희고 푸른 학들이 바위에 앉거나 하늘을 날아다닌다. 흰 파도가 치며 넘실거리는 바다 위로는 오색구름 사이로 붉은 해가 떠 있다.

이처럼 십장생물에 대한 개념은 중국의 신선사상에서 출발한 것이지만 한국 전래의 자연숭배 신앙과 결합되어 한국화한 것으로 보인다. 조선시대 왕실을 비롯한 상류층에서 한 해 동안의 건강과 복록을 기원하며 세화로 많이 그려졌고, 회갑연 등에서 축수의 의미로 장식되었다.

구름과 학을 타고 곤륜산 요지로 오는 신선들

삼천 년에 한 번 복숭아나무가 열린다는 반도원

● 연화문

세속에 물들지 않는 고고함의 표상

　　연꽃은 진흙 속에서 자라지만 더럽혀지지 않고 항상 맑은 본성을 간직하고 있어서 청결, 무구(無垢), 순수함을 상징한다. 연은 꽃과 열매가 모두 왕성한 생명력을 가지고 있기 때문에 풍요의 상징으로 여겨졌으며, 더러운 진흙 속에서도 청초한 꽃을 피우는 고귀함으로 사람들의 사랑을 받아왔다. 연꽃은 보통 불교의 꽃으로 알려져 있지만, 유교에서는 피어나는 연꽃의 모습에서 세속에 물들지 않는 군자나 고고한 선비를 표상하기도 했다.

　　중국 송나라의 염계(濂溪) 주돈이(周敦頤)는 애련설(愛蓮說)에서 연꽃을 칭송하기를, "연은 흙탕 속에서 나오지만 더럽혀지지 않고 잔잔한 파도

창덕궁 후원 애련정의 연지

에 씻기어도 요염하지 않으며 줄기의 속은 허허롭게 비우고도 겉모습은 반듯하게 서 있으며, 넝쿨지지 않고 잔가지도 치지 않고 그 향기는 멀리서 맡을수록 더욱 맑으며 정정하고, 깨끗한 몸가짐으로 높이 우뚝 섰으니 멀리서 바라보아야 할 것이요, 가까이서 감히 어루만지며 희롱할 수는 없다"고 하였다. 염계는 연꽃의 고고한 모습을 군자나 은사의 단정한 풍모에 비유하였고, 이로 인해 선비들이 연을 군자의 꽃으로 사랑하고 가까이 두었다.

　연꽃을 하화(荷花)로 표기할 때 화목할 '화(和)'와 동성으로 차용하면 화해합호(和諧合好)라 해서 행복한 결혼생활과 부부화합을 의미한다. 특히 한줄기에 연꽃 두 송이가 핀 것은 병체련(竝蒂蓮), 병체동심(竝蒂同心)

으로 부부화합과 백두해로(白頭偕老)를 의미한다. 연꽃이 물새, 물고기 등 물가 풍경과 함께 그려지면 인간사의 즐거움과 부부의 금실이 좋기를 바라는 마음을 담은 것이다.

대개의 식물들은 꽃이 먼저 피고 난 후 열매를 맺는 데 연꽃은 꽃과 열매가 거의 동시에 생장하는 특성을 지니고 있다. 이런 생태적 특성은 '연(蓮)'이 연이여 태어난다는 연생(連生)의 '연(蓮)'과 발음이 같기 때문에 연생귀자(連生貴子)나 과거에 한 집안에서 형제가 연이어 과거에 급제함을 뜻하는 희득연과(喜得連科)의 의미를 지니고 있다.

연꽃의 씨방에는 많은 씨앗이 들어 있어서 다산을 상징하므로 신부가 혼례 때 입는 활옷에 연꽃 문양을 새겨 넣은 것은 자손을 많이 낳기를 기원하는 것이었다. 창덕궁 인정전 용상의 계단 옆면에 새겨진 연밥을 쪼는 새를 표현한 문양이 보이는데, 이 또한 득남하기를 기원하는 의미이다. 생명의 근원인 씨앗을 획득한다는 것은 곧 잉태를 뜻하는 것이기 때문이다.

〈새와 원앙이 있는 연못 풍경〉
경복궁 자경전 십장생 굴뚝 오른쪽

212

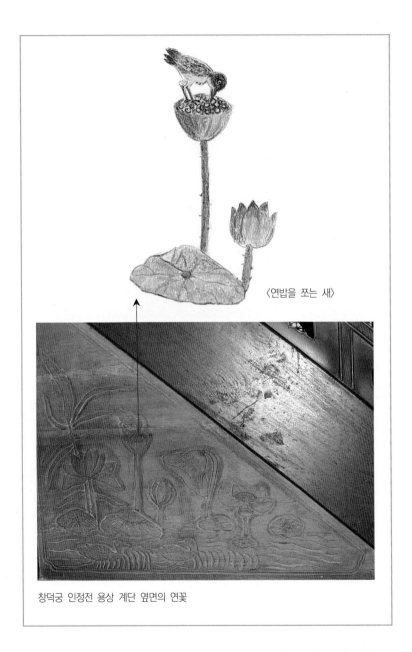

〈연밥을 쪼는 새〉

창덕궁 인정전 용상 계단 옆면의 연꽃

● 경복궁 집옥재 팔우정 자세히 보기

경복궁 집옥재 팔우정 난간의 하엽과 연꽃 장식

난간 아래 낙양각의 연봉

● 석류문

다산을 상징하는 과일

석류의 원산지는 이란 북부, 인도 북서부, 아프가니스탄, 히말라야, 발칸 지방으로 고대 이집트 피라미드 벽화에서도 석류 문양이 발견되고 성서에 30회나 언급될 정도로 동서양 모두 친근한 열매이다. 중국에는 한나라 무제 때 장건(張騫)이 실크로드를 개척하고 귀국할 때 들여왔다고 전한다. 당시 중국은 페르시아를 안석국(安石國)이라 불렀는데, 이 나라에서 자라는 나무라는 뜻으로 석류(石榴)라 이름 지었다. 우리나라에는 삼국시대 신라 역사에 석류가 등장할 정도로 일찍 알려졌지만, 정작 사계절이 뚜렷하고 원산지보다 추운 기후의 한반도에서의 생산 재배는 조선 초기쯤으로 추정된다.

석류는 만개한 석류꽃뿐만 아니라 열매가 익어서 터지는 모양도 아름다워서 옛날부터 관상용으로도 많이 재배했다. 붉은색, 가지색, 노란색, 흰색 등 석류꽃이 피고 나서 열매를 맺으면, 이윽고 탐스럽고 둥근 모양의 열매가 벌어지고 그 속에 씨앗을 감싼 정육면체의 빼곡한 작은 방 안에 알알이 붉은 보석이 박힌 모습이 아름답다. 열매 속에 씨앗이 가득한 석류는 길상의 상징으로 동서양 모두 왕성한 번식력을 상징하는데 이는 석류가 여성 호르몬인 에스트로겐이 풍부해서

경복궁 자경전 꽃담의 석류 (사진 황은열)

실제로 여성의 신체에도 좋은 효능을 지니고 있기 때문이다.

석류 열매가 익은 후 붉은 주머니 안에 빛나는 씨앗이 가득 들어 있는 모양이 다남자(多男子)를 의미한다. 석류, 불수감, 복숭아 세 과실을 합쳐서 '삼다'라고 부르는데, 각각 다자(多子), 다복(多福) 다수(多壽)를 나타낸다. 석류는 대부분 갈라져서 많은 씨를 담고 있는 모양으로 그려지는데 유개백자(榴開百子), 천자동막(千子同膜)의 뜻으로 다자다손을 의미한다.

● 포도문

다산을 상징하는 과일

포도나무의 원산지는 이란 북쪽 카스피 해와 흑해 사이 소아시아 지방으로 알려져 있는데, 이집트 벽화의 부조에 의하면 기원전 2500년경 이미 메소포타미아와 나일 강 유역에서 포도 재배가 이루어졌음을 알 수 있다. 이후 포도나무 재배는 페르시아에서부터 동쪽으로 인도와 중국으로 퍼져 우리나라까지 전파되었다. 중동의 페르시아나 이집트 유적에는 포도가 신성한 신의 선물로 그려지고 다산을 상징하는 길상문으로 남아 있다.

궁궐 건축에는 포도송이가 주렁주렁 달린 모양은 다산을 상징해서 포도 문양은 석류처럼 주로 여성의 공간에 꽃담으로 나타난다. 12세기

〈상감청자주자 포도동자문〉 부분 (고려시대, 국립중앙박물관 소장)

전반 고려시대 〈상감청자주자 포도동자문〉에는 포도 넝쿨 사이에 어린 동자들이 줄기를 타고 노는 모습이 보인다. 이는 당시 중국 원나라 시절 유행하던 백동자도에서 착안한 문양으로 그 의미는 장수, 다남, 다복의 삼다사상에서 비롯되었다.

조선시대에는 선비들이 문인화의 소재로도 포도를 그렸다. 자경전 십장생 굴뚝에도 포도 문양이 보이는데, 현재 꽃담에 표현된 포도 그림으로 가장 아름다운 표현은 단언컨대 수강재 쪽 협문의 쪽담에 있는 포도 그림이다. 매화 그림과 같은 벽

경복궁 자경전 십장생 굴뚝 포도 문양

창덕궁 수강재 뒤편 포도 문양이 새겨신 바깥 꽃담

의 반대편이다. 수강재에 그려진 포도는 어떤 문인이 묵포도를 한 점 친 것을 전돌 굽는 와공이 포도나무 가지와 잎, 포도송이 하나하나 손으로 형상을 만들고 불에 구워 삼화토 벽면에 박아 표현한 포도도이다. 포도송이가 너슬너슬 달려서 그 꼭지까지 표현되고 나뭇가지의 농담은 불의 조절로 일부러 표현한 듯한 솜씨가 놀랍다. 눈으로 보기에 그림이면서 정작 조형물인 이 포도 그림은 볼수록 감탄을 자아내는 걸작이다. 일반인은 일부러 찾아가야만 보이는 곳에 있어서 수줍은 듯 숨어 있는 아름다움이다.

● 불수감문

(문화포털 소장)

부처의 손을 닮은 과일나무

감귤과에 속하는 불수감
나무는 중국 남방의 광동 지방에서 많이 나는
데, 겨울에 열매를 맺으며 빛깔은 선황색이
다. 열매는 부처의 손을 닮았다 해서 불수(佛
手)감이라 부르고, 기이한 선품(仙品)으로 금색
을 띠고 있다. 자경전 꽃담의 초화 문양 중
일제강점기의 유리건판 사진에는 남아 있으
나, 현재 없어진 문양 중 하나가 불수감으로
보인다.

불수감문 청화백자 사발

불수감 문양은 직물에도 보이는데, 도류불수문단(挑柳佛手紋段)은 조선시대 비단 직조에 많이 쓰이던 문양이다. 도류불수(挑柳佛手)의 복숭아는 다수(多壽), 석류는 다자(多子), 불수는 다복(多福)을 상징하여 장수, 자손번성과 집안의 행복을 기원하는 길상무늬이기 때문에 비단을 짤 때 많이 사용했다. 도류불수문은 덕온공주 당의에서 볼 수 있고, 고궁박물관 궁중유물 전시관에 소장된 왕손의 자적 용포에도 사용되었다. 왕실 여성들의 원삼(圓衫)이나 당의 등에는 길상문으로 금박을 찍을 때 문양으로 도류불수문(桃榴佛手紋)과 여의(如意), 호로(葫蘆) 등의 보배 문양과 수복화문(壽福花紋)이 들어가기도 했다.

(※ 285쪽 자경전 꽃담 문양표 참조)

알 수 없음

경복궁 자경전 꽃담 복원 당시 훼손된 불수감과 길상문자문 (국립중앙박물관 소장)

현재 자경전 서쪽 꽃담에서 보면 6번째 부분의 문양과 문자가 훼손되어 비어 있다.
훼손된 길상문자로는 오른쪽 만(萬)과 왼쪽 세(歲)라는 글자가 유리건판에서 확인된다.
불수감문과 세(歲) 글자 사이에 기하 문양이 있었을 것으로 추징되나 어떤 분양빈시는 알 수 없다.

● 당초문

아라베스크 문양에서 기원한 덩굴 식물

　　당초는 덩굴 식물로 서초(瑞草)라고도 부른다. 당초 문양은 고대 이슬람의 전통 문양인 아라베스크 문양에서 기원한다. 아라베스크는 양식화된 식물 모티브와 줄기 등을 뜻하는 르네상스 시대 이탈리아어 아라베스코(arabesco)에서 유래했다. 아라베스크 무늬의 기원은 고대 지중해적 유산으로 이슬람에서 기하학적 문양과 함께 양식화되었다. 그리고 이슬람의 아라베스크 문양은 세계 여러 나라로 전파되어 다른 문화권에서도 덩굴 식물의 생태를 디자인한 문양은 아주 쉽게 찾아볼 수 있다. 사람들은 덩굴 식물의 생태적 특성을 미술적 디자인에 응용을 하면서 다양한 문양으로 발전시켜나갔다.

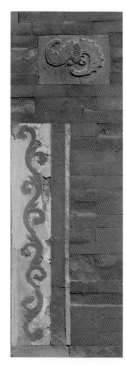

건순문 바깥 담장의 당초문 　　　　　(문화포털 소장)　　　 자경전 십장생 굴뚝 당초문

　　중국 당나라를 거쳐 극동 지역의 한자문화권에 전파된 줄기 형태의
식물 문양을 당초문이라고 부른다. 인동당초(忍冬唐草)라는 명칭은 혹독
한 겨울을 이겨내고 새움을 틔우는 당초 덩굴의 강인한 생명력에서 유
래한다. 그리고 식물의 줄기에서 뻗어나가는 번식력은 끊임없이 이어
지는 번창과 강한 생명력으로 상징되었고, 계속 새순을 내며 생장하는
식물의 속성으로 장수나 좋은 일이 계속되기를 바라는 연면(連綿)의 의
미가 있다. 당초 문양은 단독으로 그려지기도 하지만 줄기 식물의 형태

상 미술적 형태 변형이 쉬워 여러 가지 다른 형태와 조화를 이루어 디자인되어 왔다. 예를 들면 국화, 모란, 보상화 등의 꽃 종류나 사물과 어울려 이름을 얻는다. 이렇게 당초 문양은 모란당초, 운문당초, 용문당초 외에도 연꽃이나 화염문 등 어떤 소재와도 어울려 선의 변화를 표현해 왔다. 궁궐의 꽃담뿐 아니라 돌계단이나 문기둥에서도 당초 문양을 볼 수 있으며, 옷의 문양이나 장신구의 문양으로도 많이 다자인 되어 왔다.

창경궁 명정전 월대 계단의 모란당초문

창덕궁 희정당 낙양각의 연화당초문

궁궐 꽃담의 문양과 은유 225

● 불로초문

(문화포털 소장)

불로장생의 불사약

　　불로초(不老草)는 인간이 먹으면 늙지 않고 죽지 않는 영생불사의 선약이다. 복숭아와 함께 불로장생의 불사약으로 알려졌다. 옛날 중국의 시황제는 불로불사를 위해 서불(徐市)에게 명해 동남동녀 5백(또는 3천 명)을 이끌고 동해의 신선이 사는 섬에 가서 불로초를 구해오도록 했다. 그러나 그는 자신이 원하던 아방궁에서 불노장생을 누리지 못한 채 50에 죽은 황제였다. 흔히 십장생의 불로초로 그려지는 영지(靈芝) 버섯은 나무뿌리에서 자라며 색은 흑갈색을 띠고 건조된 후에는 형태가 변하지 않기 때문에 선초(仙草)라 불리게 되었다. 영지의 모양이 여의와 비슷하기 때문에 장수와 여원을 대표하는 길상이 되었다.

불로초문과 포도문

창덕궁 낙선재 후원의 만월문

● 초화문

풀꽃을 그린 장식 문양

초화문(草花紋: 풀꽃문)은 각종 식물의 모양을 묘사하여 도안화시킨 장식 문양이다. 초화문 형식은 사실적인 것도 있고 추상화시킨 것 등 다양한데, 대부분 잔잔한 풀꽃이나 덩굴이 어우러져 있다. 매화나 국화, 모란 등 특정한 주제를 두지 않고 연속 무늬를 이루듯 꽃과 길상문이 벽면을 가득 채워 행복을 기원했다.

창덕궁 낙선재 석복헌 암막새의 초화문이 아름답고, 승화루 쪽 만월문 꽃담에도 초화문으로 장식하였다.

창덕궁 석복헌 암막새의 초화문

창덕궁 낙선재 후원 승화루 쪽 만월문의 꽃담

● 호리병문

복을 상징하는 길상의 의미

창덕궁 석복헌 쪽마루 난간에 복을 받아 왕손의 탄생을 기다리는 호리병박이 장식되어 있다. 석복헌은 헌종의 후궁 경빈 김씨가 살던 집이다. 헌종 14년(1848) 순화궁 경빈 김씨를 맞아들이면서 처소로 석복헌을 지었다. 석복헌의 복도 난간대를 장식하고 있는 호리병 모양이나 하엽, 박쥐 모양의 장식이 아기자기한 곳이다.

넝쿨 식물 가운데 호리병박은 여러 가지 중요한 길상의 이미를 가지고 있다. 호리병박은 호로(葫蘆)로 표기하는데, 호로(hulu)는 중국식 발음 복록(福祿, fulu)과 발음이 비슷해서 복을 상징한다. 팔선 중 이철괴의 지물 호로병은 사람을 살릴 수 있는 물을 담았고, 선인들은 적을 호로에

창덕궁 낙선재 석복헌의 난간 장식

가두거나 호로병 속에 숨긴 무기로 세상 악을 물리치고 마귀를 제압했다고 한다.

시경(詩經)에서 유래한 '과질면면(瓜瓞綿綿)'은 자손만대의 번영을 축원하는 도상이다. 과(瓜)는 호박처럼 큰 박과 식물이고, 질(瓞)은 오이처럼 작은 것이 열리는 넝쿨 식물이다. 넝쿨이 계속 번져나가 끊이지 않고 이어지며 많은 열매를 맺는 만대(蔓帶) 식물로, 만대(mandai)는 만대(萬代)와 같은 발음으로 자손만대의 의미가 있다.

● 태평화문

천상에 피는 상상의 꽃

　　태평화(太平花)는 천상에 핀다는 상상
의 꽃으로 천하가 태평해 만사가 평안하기를 기원하는
도안이다. 궁궐 단청에 두루 쓰이는 태평화 문양은 도리
나 추녀, 평방 등 큰 부재의 마구리에 주로 그린다. 태평
화는 꽃심에서 꽃잎이 사방으로 뻗어나간 연꽃의 형태로
단청에서는 검은 바탕에 꽃문양을 흰색으로 표현한다.
경복궁 자경전 합각의 태평화는 꽃담 방식으로 중앙의
태평화를 팔각 회문이 두르고 있다. 같은 형식의 태평화
가 창덕궁 연경당 선향재 양 측면 벽에도 보인다.

단청의 태평화문

● 전각의 태평화문 자세히 보기

경복궁 자경전 합각의 태평화문

창덕궁 연경당 선향재의 태평화문

● 박쥐문

오복을 상징하는 하늘의 쥐

예부터 박쥐는 하늘나라의 쥐라고 해서 천서(天鼠)라고 불렀다. 박쥐의 한자식 표기는 편복(蝙蝠)이다. 복(蝠) 자의 발음이 우리가 기원하는 복(福)과 같아서 동양의 한자문화권에 있는 나라에서는 이러한 복의 기원으로 박쥐 문양을 심심치 않게 볼 수 있다. 편복문은 옛사람들이 중국 도교에서 비롯된 신선사상과 음양오행설을 가미하여 불로장생의 법을 구하려 했던 데서 비롯되었다.

박쥐는 또한 오래 산다고 해서 장수를 의미하기도 하며, 다섯 마리의 박쥐는 장수(長壽), 부귀(富貴), 강녕(康寧), 유호덕(攸好德), 고종명(考終命)의 오복(五福)을 나타낸다. 우리 옛 여인들의 장신구뿐 아니라 가구 장식,

식기류, 떡살, 능화판 등의 디자인적 요소나 집의 건축 구조물 장식에도 박쥐는 자주 등장한다. 뿐만 아니라 여인들의 노리개나 가락지에 나타나는 박쥐 문양은 늘 여인들의 손을 떠나지 않았고, 직물에도 박쥐 문양을 직조하여 집안을 두르고 치장했다. 사람들은 박쥐를 이렇게 정답게 표현하고 우리 생활 속에 같이 품고 있었다.

특히 궁궐의 건축물에 나타나는 박쥐 문양 중 자경전 굴뚝의 박쥐 문양은 날개를 사뿐히 올려 마치 태극을 그리듯 날고 있는 모습이 매우 예쁘다. 이렇게 박쥐 문양은 경복궁 굴뚝의 꽃담뿐 아니라 창덕궁 낙선재 문창살에 앉은 박쥐도 있고, 후원의 정자와 덕수궁의 서양식 건물 정관헌의 베란다 난간 등 궁궐 건축 곳곳에서 볼 수 있어서 한국인에게는 친근한 모습이다.

경복궁 자경전 뒤편 십장생 굴뚝의 박쥐 문양 (사진 황은열)

● 다양한 박쥐 문양

박쥐 무늬 청화백자 대접
(국립중앙박물관 소장)

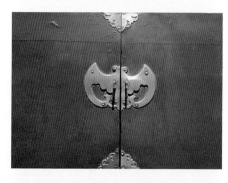

황실 장식장의 박쥐 문양
(국립고궁박물관 소장)

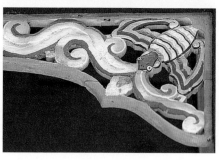

창덕궁 주합루 어수문의
박쥐문

● 두꺼비문

(문화포털 소장)

신선세계를 꿈꾸다

창덕궁 연경당 장락문 앞에는 괴석을 담은 석분을 놓았는데, 석분의 네 모서리에 두꺼비를 조각해 놓았다. 안쪽으로 기어 들어가는 두꺼비도 있고 밖으로 나오는 것도 있다. 민간에서는 두꺼비가 사악함을 물리치고 복을 가져다주는 벽사와 길상, 다산의 상징으로 사랑받았다. 그리고 고구려 고분벽화의 〈월상도月像圖〉에 나타난 두꺼비가 보여주듯이 예로부터 두꺼비는 달의 정령으로 인식되었다. 고구려 고분 벽화의 원 안에 그려진 삼족오는 태양을 상징하고, 두꺼비는 달을 상징한다. 서왕모가 준 불사약을 몰래 먹고 달로 도망가서 두꺼비가 된 항아(姮娥)의 전설도 두꺼비가 달의 정령임을 말하고 있다.

괴석분 귀퉁이의 두꺼비

창덕궁 후원 연경당 장락문 앞 괴석분 네 귀퉁이를 자세히 들여다보면
두꺼비가 조각되어 있다.

바로 연경당 장락문 괴석의 두꺼비는 월궁 항아의 상징으로 이곳이
신선이 사는 선경임을 암시하고 있는 것이다. 연경당 서쪽 바깥 담장
밑으로 흐르는 물은 대문 앞을 지나 어수당 터 연지로 흘러든다. 옛사
람들은 집을 지으면서 물길을 거스르지 않았다. 장락문으로 들어서기
위해 문 앞의 명당수를 건너야 한다. 사람들은 이 물을 은하수라 하고,
그 위에 놓인 돌다리는 오작교라 부른다. 대문 앞의 괴석분에 그 모습
을 드러낸 두꺼비와 은하수를 건너는 오작교는 모두 이곳 연경당이 신
선세계임을   암시하는 장치들이다. 옛사람들은 집을 지으면서 길상의
작은 장치를 통해 하늘의 경치를 빌려오려 했고, 그 속에 들어가 자신
도 신선이 되려는 풍류를 꿈꿨다.

항아는 고대의 궁신(弓神)인 예(羿)의 아내이자 선녀였다. 요임금 시절 열 개의 해가 한꺼번에 나와 요임금 시절 어느 날 열 개의 태양이 한꺼번에 나타나는 바람에 곡식을 태우고 풀과 나무가 죽자 백성들이 굶주리고 지상은 불지옥이 되었다. 열 개의 태양은 바로 천제의 아들들이었다. 요임금이 천제에 호소하자 천제는 예에게 붉은 활과 흰 털이 달린 짧은 화살을 주면서 해악을 없애 하국(夏國)을 돕도록 명령했다. 천제의 명을 받은 예는 화살을 쏘아 9개의 태양을 떨어뜨려 사람들을 구했다. 화살을 맞은 해가 땅으로 떨어졌는데, 그것은 세발 달린 까마귀 삼족오(三足烏)였다. 하늘에는 한 개의 태양만 남게 되었고, 땅의 생명들이 살아났다. 그러나 아홉 명의 아들을 잃은 천제는 노여움으로 예를 지상으로 내쫓았고, 예의 아내인 항아도 같이 쫓겨나 인간이 되었다.

그렇게 인간 세상에 내려와 살던 예는 곤륜산의 서왕모에게서 불사의 약을 받아왔다. 서왕모가 말하기를 이 약은 둘이 반씩 나누어 마시면 불로장생하고 혼자 모두 마시면 다시 신선이 되어 승천할 수 있다고 하였다. 그러나 항아는 예가 집을 비운 사이에 몰래 불사약을 먹고 혼자 하늘로 올라갔다. 천제는 남편을 두고 저 혼자 신선이 된 항아를 괘씸하게 여겨 달에 있는 광한궁(廣寒宮)으로 유배를 보냈다. 항아는 벌로 그 아름다운 모습이 전부 사라지고 두꺼비가 되어버렸는데, 항아(嫦娥)가 마침내 달에 몸을 의탁했으니 이를 일러 섬저(蟾蠩)라 했다.

불가사리문

악기를 물리치는 상서로운 동물

　　불가사리(不可殺伊)는 고려 때부터 구전되어 오는 상상의 동물로 그 모습은 '사나운 황소처럼 생겼으며 쇠를 먹고 산다'고 했다. '죽일 수 없는 큰 놈'이라는 뜻을 가진 이 신비한 불가사리는 개 그림으로 유명한 조선시대 궁중화가 김두량(金斗樑, 1696~1763)이 그린 병풍 그림에 그 형상을 자세히 기록한 화제(畵題)가 있다. 화제에 의하면 불가사리는 "곰의 몸통에다 코끼리의 코, 코뿔소의 눈, 쇠톱 같은 이, 호랑이의 발, 황소의 꼬리를 가졌으며, 온몸에는 비늘처럼 생긴 털이 나 있다"고 했다. 이 형태 묘사는 경복궁 아미산의 굴뚝이나 자경전의 십장생 굴뚝에 있는 불가사리를 그대로 닮았다. 이 동물은 또한 곰과

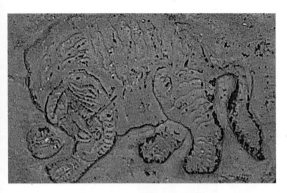

경복궁 아미산 굴뚝의 불가사리

호랑이처럼 위엄이 있는가 하면, 늑대와 승냥이처럼 매우 날쌨고, 인간 세상의 역질을 쫓아내고 악귀를 물리쳤으며, 태풍을 집어삼킬 정도의 위력을 발휘했다고 한다. 이와 같이 불가사리는 사기(邪氣)를 물리치는 상서로운 동물로 여겨졌다.

경복궁 경회루 돌다리 엄지기둥 위의 불가사리

경회루로 가는 3개의 돌다리에는 벽사의 의미를 가진 동물상이 새겨진 엄지기둥을 놓았다. 이중 가장 북쪽의 자시문(資始門)으로 들어가는 다리의 엄지기둥에는 불가사리를 조각해 놓았다. 아직도 1950년 한국전쟁 당시 총탄을 맞은 상흔이 그대로 남아 있다. 경회루가 전쟁 중에도 온전히 보존될 수 있었던 것은 이 불가사리가 전쟁의 화기를 온몸으로 막아냈기 때문이라는 설정도 가능한 이유이다. 불가사리는 원래 물을 제압하는 신령한 동물이기 때문이다.

● 코끼리문

길상의 동물

　　코끼리의 한자어인 상
(象)이 길상의 상(祥)과 발음이 같아 길상의
상징으로 받아들였다. 특히 사람이 코끼리
를 타고 있는 것을 기상(騎象)이라고 하는
데, 기상 또한 발음이 길상(吉祥)과 비슷해
서 길상의 상징으로 여긴다. 코끼리 문양
은 궁궐 건축에서는 흔히 보이지 않지만,
창덕궁 희정당 마당의 굴뚝 북쪽 면에서
찾아볼 수 있다.

창덕궁 희정당 굴뚝

원래 전통 궁궐 구조라면 집의 뒤편에 굴뚝이 놓이게 되는데, 희정당은 중정의 서쪽에 굴뚝이 있다. 이 굴뚝은 희정당의 구조를 서양식으로 변경하면서 가운데 마당에 세워졌는데, 굴뚝의 4면에는 전통 꽃담 방식의 길상문과 꽃담 장식이 새겨져 있다. 희정당이 왕의 거처임을 알리면서 동시에 왕의 도덕적 자세를 일깨우는 문자 장식이다.

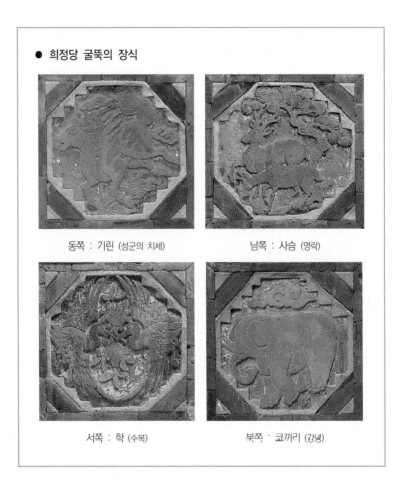

● 희정당 굴뚝의 장식

동쪽 : 기린 (성군의 치세)

남쪽 : 사슴 (영락)

서쪽 : 학 (수복)

북쪽 · 코끼리 (강녕)

● 기린문

(문화포털 소장)

자비롭고 덕이 높은 동물

기린은 상상의 동물로 사슴의 몸에 소의 꼬리와 말과 같은 발굽과 갈기를 가졌으며, 암수 한 쌍으로 기(麒)의 이마에는 한 개의 뿔이 나 있고 린(麟)은 뿔이 없다고 한다. 동양에서는 상서롭게 여겼던 동물로, 성인이 태어날 때 그 전조로 나타난다고 하는 전설이 있다. 기린은 자비롭고 덕이 높은 짐승이라 생명을 해치는 법이 없어서 살아 있는 풀을 밟지도 않으며 벌레를 밟는 일도 없다고 믿었다.

뛰어난 사람을 '기린아(麒麟兒)'라고 부르는 것은 이 기린에서 유래한 것이다. 고구려 고분 벽화나 중국에서 출토된 목각 기린은 뿔 달린 말이나 사슴 비슷한 짐승이다.

고구려 시조 주몽은 기린을 타고 승천했으며, 그로 인해 고구려인들은 그의 시신 대신 옥채찍을 묻었다고 한다. 최근 천마총의 그림을 적외선 촬영한 결과 뿔(혹은 상투)을 발견, 천마를 그린 것이 아닌 기린을 그렸다는 설과 당시 말에 상투 비슷한 장식을 하는 풍습이 있어 그대로 말을 그렸다는 학설이 대립하고 있기도 하다. 궁궐 문양에 보이는 기린은 용·봉황·영귀와 함께 사령으로 그려지며, 성군의 치세를 알리기 위한 표현이다.

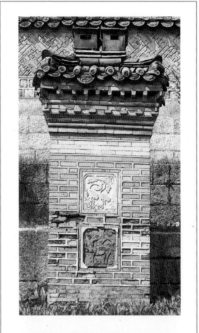

궁궐 속 기린으로는 창덕궁 희정당 굴뚝의 동쪽 면에 구름 속을 날고 있는 기린을 볼 수 있고, 창덕궁 대조전 굴뚝의 기린문은 굴뚝 장식으로는 드문 예이다.

창덕궁 대조전 굴뚝 동쪽 측면에 새겨진 기린문

● 학문

(문화포털 소장)

불로초를 입에 문 선학

　　예로부터 학은 양(陽)을 뜻하고 그 정기는
화정(火情)을 나타낸다고 한다. 십장생 중 학은 1600년 동안 백
색의 자태를 지니는데 2년 후에 빠진 깃털이 변하여 흑점(黑點)
이 되고, 3년에 머리가 붉어지며, 7년 만에 구름의 무리를 거
느린다고 했다. 학의 깃털은 흙탕물에 더렵혀지지 않고 학은
일품조(一品鳥)라 하여 그 품격이 봉황 다음이다. 한 쌍의 선학(仙
鶴)이 구름 속에 춤추며 나는 모습은 고아일품(高雅一品)으로 고
려청자 운학문매병에는 구름 속을 나는 학의 자태가 화려하게
펼쳐져 있다. 궁궐 곳곳에 불로초를 입에 문 학이 날고 있다.

청자상감운학문매병
(국립중앙박물관 소장)

창덕궁 대조전 부벽화 〈백학도〉 (국립중앙박물관 소장)

창덕궁 대조전 화계 굴뚝의 학문

쌍학 흉배의 학문

● 원앙문

행복한 결혼의 상징

        자경전 십장생 굴뚝 형상 문양의 오른편에 있는 원앙은 행복한 결혼생활의 상징이다. 원앙은 짝을 잃게 되면 남은 한 마리는 결코 새 짝을 찾지 않기 때문에 부부의 애정이 돈독하여 오래도록 화목한 것에 비유된다. 물가 풍경은 연이나 갈대 등의 수생 식물이 있는 풍경에는 새들이 하늘로 날아올라 서로 짝을 부르며, 물에도 쌍쌍이 헤엄치는 물새가 회화적으로 묘사된다.

〈새와 오리가 있는 물가 풍경〉
경복궁 자경전 십장생 굴뚝 오른쪽 재현

248

창덕궁 대조전 실내의 부벽화 〈봉황도〉에도 여러 마리 새가 날거나 무리지어 있지만, 자세히 들여다보면 오동나무 아래 암수 한 쌍이 여러 마리 새끼를 거느리고 있는 장면이 보인다. 그 밖의 새를 그린 대부분의 그림에는 군학도(群鶴圖)처럼 여러 마리의 새가 한꺼번에 나타나는 경우가 아니면 암수 두 마리가 함께 나타나서 부부 화합과 가정의 행복을 의미한다. 그중 물새인 오리와 원앙은 물가 풍경으로 연꽃이나 갈대와 함께 그려지는데, 이처럼 길상 문양으로 그린 그림에 등장하는 사슴, 학, 원앙 등 동물이나 조류는 반드시 암수 한 쌍이 새끼들을 데리고 등장하여 부부 금슬과 자손 번창을 나타내고 있다. 왕실에서 제일 먼저 추구했던 것은 자손이 번창하고 왕실이 번영하는 일이었다.

〈새와 원앙이 있는 물가 풍경〉
창덕궁 인정전 용상 계단의 문양 재현

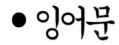

● 잉어문

입신출세의 상징

물고기 문양은 생활의 즐거움과 여유 입신출세, 효행, 자손 번창, 부부 금슬 등을 상징하는 무늬이다. 물고기는 자손 번창의 의미로 해석되기도 한다. 잉어의 머리를 남근 모양으로 묘사한 그림을 보아도 그런 뜻은 쉽게 짐작할 수 있다.

도가(道家)의 대표적인 사상가인 장자(莊子)는 다리 위에서 물고기들이 평화롭게 노는 모습을 내려보면서 어락(漁樂)이라 말했다. 이러한 일화로 인해서 물고기는 생활의 여유와 즐거움의 상징이 되었다. 물속에서 노는 모습이 여유롭게 보이기도 하거니와 물고기 어(漁)의 발음이 여유롭다는 뜻의 여(餘) 발음과 비슷하다는 이유도 있다. 연당에 연꽃과 하

250

엽(荷葉) 사이를 물고기가 헤엄치는 풍경은 연년유여(連年有餘) 또는 연년여의(年年如意)라 하여 풍요로운 해가 계속되는 것을 의미한다.

물고기 문양 중 가장 많이 나타나는 것이 잉어 문양이다. 잉어는 어변성룡도(魚變成龍圖), 문자 그림의 효자도(孝子圖) 등의 그림에 나타난다. 옛 문자도 충(忠) 자에는 잉어가 용이 되는 등용문의 고사를 그림으로 그려 과거에 급제하고 나라에 충성하라는 기원을 담았다. 잉어가 변해서 용이 되는 모습을 그린 어변성룡도와 물 위를 힘차게 뛰어 오르는 잉어를 그린 문양은 출세의 염원을 담고 있다.

등용문(登龍門) 설화를 살펴보면 중국 황하 상류에는 용문 협곡이 있는데, 해마다 봄이 되면 많은 잉어 떼가 용문의 거센 물살을 거슬러 올라가기 위해 뛰어오른다고 했다. 그리고 이 험난한 용문 협곡의 거센 물살을 뛰어넘은 잉어는 드디어 용으로 변한다는 내용이다. 사람들은 온갖 고초를 겪으면서 학문을 닦은 선비가 과거에 급제하여 관직에 오르는 것을 이 용문의 잉어에 비유하였다.

창덕궁 후원 규장각 앞 부용정 연지의 장대석에는 지금 막 물을 박차고 힘차게 뛰어 오른 잉어가 조각되어 있다. 등용문은 바로 물고기가 성공하여 용으로 변신한다는 설화에서 출발한다. 그런데 규장각에 오르는 문의 이름이 또 어수문(魚水門)이다. 주합루, 규장각 일대에는 글 공부하는 선비가 과거 급제하여 벼슬을 얻고, 임금께 다가가 신하로서 입신출세하는 이야기로 연결되고 있다. 그런데 규장각 동쪽으로 널찍한 마당을 앞에 둔 영화당은 전시(殿試)가 치러지던 과거 본부장으로 임금께시 친림(親臨)하여 과거를 치르는 유생들을 참관했던 곳이다.

창덕궁 후원 부용지 장대석의 잉어 조각

● 십장생문

(문화포털 소장)

자경전의 십장생 굴뚝

자경전 뒤꼍으로 가면 십장생 문양과 길상 문양을
새긴 굴뚝을 볼 수 있는데, 교태전 아미산 굴뚝처럼 보물로 지정되어
있다. 자경전 일곽의 여러 전각에서 나온 열 개의 굴뚝을 북쪽 담장에
모아 하나의 벽체로 마감한 집합형 굴뚝이다. 굴뚝을 치장한 십장생문
양이 주 문양을 이루고 있어서 십장생 굴뚝이라 부르고 있다. 자경전
십장생 굴뚝 벽면 상부에는 소로(小累) 및 창방(昌枋) 서까래 등 목조 건축
에 나타나는 구조를 전돌을 구워 쌓고, 그 위에 기와를 얹어 건물 모양
으로 만들었다.

굴뚝 상단에는 한가운데 용면 문양전이 있고, 그 양쪽에는 불로초를

입에 문 학 두 마리가 대칭으로 날고
있다. 굴뚝 맨 아래 부분에는 불가사
리가 새겨진 방전이 양쪽 대칭으로 있
어서 불을 제압하는 역할을 수행한다.
굴뚝의 위아래에 배치된 용(귀면), 불가
사리 등 서수들은 굴뚝을 에워싸고 혹
시나 굴뚝을 통해 외부에서 침입하려
는 사악한 기운을 단단히 막아 지키고
있다.

굴뚝 옆면 위에는 박쥐가 날고, 그
아래에는 당초 문양으로 벽면 구성이
채워졌다. 당초 덩굴 무늬는 끝없이
뻗어나가는 번영과 장수를 의미한다.
아미산 굴뚝에서 날던 박쥐는 십장생
굴뚝에도 날아와 열심히 복을 나르고
있다.

용(귀면)

불로초를 물고 있는 학

불가사리

박쥐

벽면

용(귀면)

학

불가사리

당초

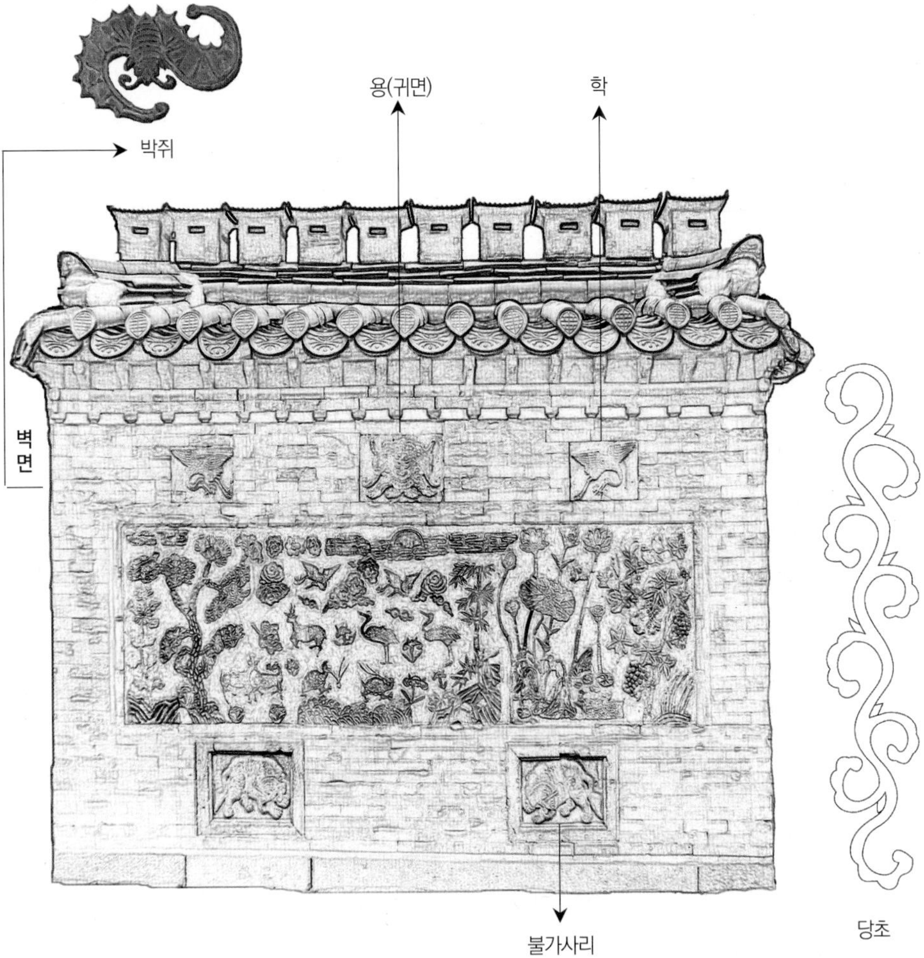

십장생 문양

　　　십장생 굴뚝은 궁궐에 있는 굴뚝 중 조형성이 가장
뛰어난 작품이다. 굴뚝 벽체의 가운데 주 벽면에는 십장생이 있고, 양
쪽 가장자리에는 대나무, 새와 연꽃이 있는 물가 풍경, 포도 넝쿨, 국화
한 송이가 여백을 메우고 있다. 굴뚝의 주 문양인 십장생은 해, 구름,
산, 바위, 물, 사슴, 학, 거북, 소나무, 불로초 등 상서로운 생물과 무생

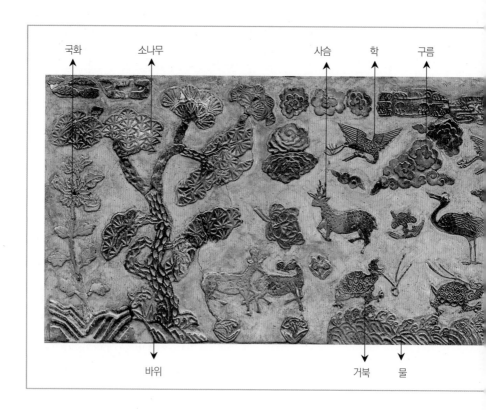

국화　　소나무　　　　　　사슴　　학　　구름

바위　　　　　거북　물

물을 장수의 의미로 그려서 인간의 염원인 불로장생을 기원하는 그림의 열 가지 소재이다. 해는 우주만물 생명의 근원이고 구름은 사람이 좋은 일을 하고 죽으면 구름을 타고 하늘로 올라간다고 생각을 했다. 산과 바위는 굳건하고 변함이 없으며 물은 순리를 거스르지 않고 사슴은 장수하고 항상 무리지어 살며 성정이 온화해서 우정을 의미하고, 사슴의 뿔은 벼슬을 뜻하는 관을 연상시킨다. 거북과 학은 장수하며, 학의 날개는 백설 같아서 진흙에도 더럽히지 않는다. 거북은 입에서 서기

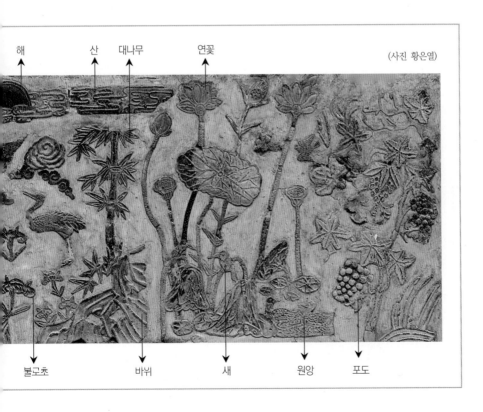

해　　　산　대나무　　　연꽃

(사진 황은열)

불로초　　　　바위　　　　새　　　　원앙　　　포도

를 뿜어내고, 불로초는 땅 위에 여기저기 흔하게 피어 있다. 그리고 십
장생 풍경 옆 오른쪽으로는 푸른 대나무, 새와 원앙이 있는 연못(248쪽
그림 재현 참조), 포도 넝쿨이 주렁주렁 탐스러운 열매를 달았고, 왼편 끝
에는 소나무의 푸른 그늘 아래 국화 향기 그윽한 풍경이 펼쳐진다.

십장생 굴뚝에는 천년을 산다는 학이 불로초(不老草)를 입에 물고 있
다. 불로초는 복숭아와 함께 불로장생의 불사약으로
알려졌다. 궁궐 꽃담의 불로초는 영지로 그려지는데,
영지는 일 년에 세 번 꽃피운다 하여 삼수(三秀)라 하고,
이것을 먹으면 기사회생한다고 했다. 그리고 그 모양
이 여의(如意)를 닮고 마치 상서로운 구름이 한데 모이
는 것 같다고 해서 여의운(如意雲)이라고도 불렀다.

십장생 굴뚝의 불로초

십장생은 이렇듯 꽃담뿐 아니라 그림이나 도자기 문양으로도 그려져서 인간세계의 소망을 대변하고 있다. 옛날 중국의 시황제는 자신의 불로불사를 위해 서불(徐市)에게 명해 동남동녀 오백(또는 삼천)을 이끌고 동해의 신선이 사는 섬에 가서 불로초를 구해오도록 했다. 그러나 그토록 간절히 불노장생을 꿈꾸던 황제는 아방궁에서 나이 오십에 죽었다.

창덕궁 후원의 연경당 가는 길에 세운 불로문(不老門)의 의미도 오래 살기를 소망했던 사람들의 염원을 보여준다. 불로문은 십장생의 하나인 돌로 만든 문이다. 사람들은 요란한 치장 없이 단순한 형태의 불로문을 드나들면서 욕심 없는 신선의 경지에 다다르려 했을 것이고, 결국에는 도를 깨우쳐 불로장생하는 신선이 되기를 꿈꾸었을 것이다.

십장생 굴뚝 왼편 끝에는 소나무의
푸른 그늘 아래 국화 향기 그윽한
풍경이 펼쳐진다.

즐거움의 상징

      곤충을 그린 문양 중 벌은 부부간의 화합과 자손 번성을 의미하고, 나비는 즐거움과 행복을 의미한다. 장자(莊子, BC 369~ BC 289년경)가 꿈속에서 나비가 되어 화궁(花宮) 속으로 돌아다니며 달콤한 꿀을 빨아 먹으며 즐거움을 만끽했다는 호접몽(蝴蝶夢) 설화에서 유래하여 나비는 즐거움의 상징이 되었다.

      옛 그림에서 고양이와 나비를 그린 모질도(耄耋圖)는 장수를 축원하는데, 이는 고양이 묘(猫)가 나이 70세 노인을 의미하는 늙은이 모(耄)와 발음이 비슷하고, 나비 접(蝶)은 80세 노인을 일컫는 늙은이 질(耋)과 같아서 장수를 의미한다.

김홍도, 〈황묘농접도黃猫弄蜨圖〉, 조선시대 (간송미술관 소장)
고양이와 나비는 장수를 의미하고, 화면 중앙의 패랭이꽃의 꽃말은 청춘을 의미하며, 바위는 불멸을 상징한다.

경복궁 자경전 꽃담의 빙렬문에 새겨진 나비와 벌

기쁨의 상징

옛사람들은 거미를 희주(囍蛛) 희자(囍子) 지주(蜘蛛)라고 불렀다. 한자 표기로 갈거미 희(囍)와 기쁠 희(囍)의 발음이 같아서 거미는 기쁨을 상징한다. 거미가 하늘로부터 내려오는 형상을 희종천강(囍從天降)이라 했는데, 바로 기쁨이 하늘로부터 내려온다는 뜻이다. 거미가 줄을 치는 형상은 옛 여인들이 길쌈하는 것에 비유되었다. 그리스 신화의 아라크네(Arachne)는 베 짜기의 명수였는데, 아테나 여신과 오만하게 경쟁하다가 벌을 받아 거미로 변했다.

거미는 또 한 번에 많은 알을 낳아 번식하는 속성을 가지고 있는데, 이는 강한 생명력과 다산을 상징하기도 한다. 이처럼 번식력이 뛰어나

불로초문 수막새의 거미문
(경복궁 흥복전 기와 문양)

고, 길쌈하는 여성의 이미지와 거미줄을 쳐서 집을 지키는 상징성 때문에 궁궐의 암막새 문양으로 많은 거미가 장식되어 있고, 궁궐 이곳저곳에는 기쁨으로 가득하다.

궁궐 기와에 보이는 거미 문양은 단순한 추상적 이미지로 그려지기 때문에 간혹 사람들이 초화문으로 오해하기도 하는데, 제작 시기에 따라 그 선의 형상이 변화하는 문양의 특성을 찾아보는 것 또한 문양을 찾는 재미이다.

전각 수막새 기와의 수(壽)자문과 암막새 기와의 거미문

● 귀갑문

(문화포털 소장)

거북의 등껍질 문양

기하학적 문양은 인류가 편물이나 직물을 짜는 과
정 또는 울타리를 엮는 데서 기원했다는 설이 있다. 기하학적 형태는
삼각형, 사각형, 능형(菱形), 지그재그형, 원형 등 직선과 곡선으로 구성
되는데 사선이나 지그재그무늬로 이루어지는 그 리드미컬한 반복을 인
간이 즐겨 모방하게 되어 토기(土器) 등의 그릇 표면에까지 옮기게 되었
다는 것이다.

궁궐 담장의 기하 무늬로는 귀갑문(龜甲文, 석쇠문), 뇌문(雷文: 번개문), 아
자문(亞字文), 고리문(連環文), 만자문(卍字文), 바자문, 빙렬문(氷裂紋) 등이 있
다. 기하 무늬는 선을 잇는 부분에서는 화장줄눈을 쓰지 않고 전을 맞

이음하여 직선으로 길게 사용한다. 특히 뇌문이나 아자문의 경우 꽃담 구획의 윤곽선을 두르거나 강조 할 때 많이 쓰이는 문양으로 이들의 구성은 좌우대칭과 리듬이라는 조형 원리에 따라 이루어지고 있다.

경복궁 자경전 꽃담의 귀갑문

육각형의 연속 무늬인 귀갑문은 거북의 등껍질 문양을 닮았다 해서
붙여진 이름이다. 역시 석쇠의 그물 짜임을 닮은 데서 석쇠문으로도 부
른다. 그 형태적 특성을 볼 때 온갖 악귀가 그물에 걸려 통과하지 못하
도록 막아주는 벽사의 의미를 지녔다. 민가에서 괴질이 돌 때 대문이나
방위에 체를 걸어두는 풍습도 같은 의미로 해석할 수 있다. 귀갑문의 육
각형 중앙에는 꽃무늬를 수놓기도 하는데, 악귀를 방어하고 난 후에는
화사한 꽃처럼 행운이 가득하기를 바라는 길상(吉祥)을 상징하는 것이다.

창덕궁 낙선재 담장의 귀갑문

경복궁 자경전과 교태전의 꽃담에는 육각형의 틀 속에 꽃무늬가 수놓은 화려하고 아름다운 귀갑문을 발견할 수 있다. 궁궐의 꽃담 중 귀갑문이 가장 장엄하게 드러나는 곳은 창덕궁 낙선재의 담장으로 연속해서 이어지는 귀갑문의 행렬이 길상의 소망을 담고 있다.

뇌문과 고리문

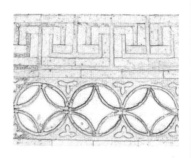

번개가 치는 형상의 무늬

　위아래가 서로 맞물린 아(亞) 자 형상으로 길게 이어지는 띠 모양의 문양이 있다. 번개가 치는 형상을 의미하는 뇌문(雷文: 번개문)이라 하고, 무늬 형상을 따라서 아자문(亞字文) 또는 회문(回文)으로 불리기도 한다. 회문이라는 것은 그 모양이 한자 '回'와 닮은 데서 유래한 이름으로, 그 근원과 뜻을 번개 문양에 두고 있다. 모양이 하나는 바르고 하나는 반대로 되어 있어 대대회문(對對回紋)이라고도 한다.

　시작도 끝도 없이 끊이지 않는 띠의 모양은 결실과 영구함을 상징한다. 이 매듭 무늬는 시작과 끝이 없는 무시무종(無始無終)의 무늬로 역시 무한한 영원성과 영속의 의미를 가지고 있어 테두리 장식 문양으로 널리 애호되는 문양이다. 뇌문은 직선 무늬를 단순히 일직선으로만 쓰는 것이 아니라 모서리나 문양 면의 윤곽에서 매듭을 짓듯이 꾸미기도 한다.

같은 의미를 지닌 문양으로 곡선으로 고리를 연결한 무늬가 있다. 도자기의 문양에서는 투각으로 주로 표현되며, 고리가 위아래로 계속 연결되는 문양을 칠보(七寶) 무늬라고 부른다. 창덕궁 승화루 꽃담의 뇌문과 고리문(연환문連環文)의 구성은 검은 반반전과 흰 화장줄의 흑백 대비, 직선과 곡선의 대비가 담장 암기와의 곡선과 어울려 치밀한 아름다움을 보여 주고 있다.

창덕궁 승화루 꽃담에 새겨진 뇌문과 고리문

● 만자문

천지 조화의 이치

만자문(卍字文)은 그 이름에서 불교적인 성향으로 생각하기 쉽지만, 태극처럼 구부러지는 선의 구성으로 형성된 문양이다. 꽃담에는 면 전체를 만자문으로 단독 구성하기도 하지만, 다른 문양의 공간 구성에 만자문을 끼워 넣으면서 전체적인 조화를 이루는 경우가 많다. 이렇게 장식적 요소로 사용되는 만자문은 작은 꽃문양을 함께 넣어 변화를 주기도 한다. 벽돌을 이용한 직선이 거듭 꺾어지고 마주보는 대칭 상태로 구성되는 만자 무늬는 꽉 채워진 충만을 의미하기도 하고 천지 조화의 이치를 이 무늬에 표현하고 있다. 만자 무늬의 구성에 쓰이는 화장줄의 ㅏ·ㅓ·ㅗ·ㅜ의 선을 태극의 괘로 해석할 때 춘하추

동의 조화가 이 운기(運氣) 무늬에 압축되어 있다. 궁궐 꽃담의 문양으로 가장 많이 사용되는 만자문은 전체 꽃담의 조화를 생각하여 형상 문양이나 길상문을 가운데 두고 다른 문양과 대치시켜 배치한다.

경복궁 꽃담의 만자문은 붉은색 벽돌을 사용해서 전체적으로 부드럽고 따뜻한 데 비해, 창덕궁 승화루 담장의 만자문은 검은 반반전을 사용해서 벽돌과 삼화토의 단아한 흑백 조화가 특히 아름답다. 창덕궁과 덕수궁에서는 지형에 의해 담장의 높이가 차이나면서 이루어진 독특한 구성의 만자문을 여러 곳에서 볼 수 있다.

경복궁 교태전 꽃담의
만자문

창덕궁 승화루 담장의
만자문

● 바자문

삿자리를 엮은 문양

      바자문의 구성은 대·갈대·수수깡 등으로 발처럼 엮은 울타리 같은 데서 많이 볼 수 있다. 주로 수숫대로 바자를 엮었던 데서 얻은 문양인데, 쪼갠 댓살을 엮어 바구니나 채반을 짤 때 보이는 조직이 바자문이다. 꽃담의 바자문은 전돌과 화장줄눈이 정확한 규격으로 배치되어 마치 울타리를 얽거나 바구니를 짠 것 같은 형태의 무늬이다. 바자문은 수직이나 사선으로 표현되는 두 가지 짜임이 있는데, 전체 벽면의 구성에서 얽어 엮은 틈새에 꽃 문양이나 흰색 삼화토 조각을 박아 넣어 장식하기도 한다.

    경복궁 자경전 서쪽 담장에서는 수직으로 구성된 바자문을 볼 수 있는데, 정사각형을 이루는 화장줄눈 사이에 작은 꽃 형태를 박아 넣어 점선 무늬를 이루었다. 작은 꽃 형상전에는 꽃술까지도 표현해서 그 섬세함에 놀라게 한다. 물론 꽃담은 멀리서 보아도 아름답지만 이런 경우 다가가서 가까이 보아야 그 진가를 찾아낼 수 있다.

경복궁 자경전 꽃담의 비자문

경복궁 연생전 뒤쪽 연길당 합각의 바자문

● 빙렬문

얼음이 깨진 문양

빙렬은 이름대로 마치 얼음이 깨진 것 같은 면구성에서 얻은 이름이다. 빙렬문은 빙죽문(氷竹紋)으로도 불리는데, 이는 옛날 대나무를 태우면 대나무 터지는 소리가 마치 얼음이 깨지는 소리와 같았기 때문이다. 이때 대나무 터지는 소리가 폭죽 터지는 소리처럼 꽤나 굉장해서 그 소리에 놀란 악귀들이 도망간다는 벽사의 속설을 생각해볼 수 있다. 빙렬문은 단독으로 꾸며진 무늬라기보다는 면의 구성에 다른 형상을 채워 넣는 무늬 기법으로 많이 쓰인다.

경복궁 교태전과 자경전 꽃담의 빙렬문은 각종 꽃과 나비, 벌이 면마다 배치되어 아주 화려한 조화를 보여주고 있다. 빙렬 무늬 속의 화접

문으로 아름다운 꽃이 피어나고 곤충들이 날아와 즐거움이 가득해진다는 의미의 길상 문양으로 해석할 수가 있다.

경복궁 집경당 서행각 아래와 창덕궁 낙선재 누마루 아래의 빙렬문은 직선에 의한 단순 면구성만으로 이루어져 있는데, 두 곳 모두 누마루 아래의 아궁이가 불을 담고 있는 곳이라서 화재의 예방과 벽사의 의미로 물을 뜻하는 빙렬문을 두고 있다.

누마루 아래에 아궁이가 있어서 화재 예방을 위해 벽면에 빙렬문이 장식되어 있다.

경복궁 자경전 꽃담의 빙렬문 (사진 황은열)

● 강녕(康寧)

건강한 삶을 누리고자 하는 소망

　　궁궐의 길상 문양은 다복(多福), 다수(多壽), 다남(多男) 등 자손 번영을 상징하는 소재와 함께 임금의 도리를 일깨우는 도덕적 길상문이나 성인의 이치를 깨우치는 어구도 많이 보이고 있다. 길상(吉祥), 부귀(富貴), 만수무강(萬壽無疆), 수복강녕(壽福康寧), 낙강(樂康), 만년장춘(萬年長春), 성인연면(聖人連綿), 희(囍), 세(歲) 등 주로 오래 복을 누리며 건강하게 살기를 바라는 의미의 한자가 등장한다. 길상문은 담장에도 설치하지만, 전각의 지붕 합각 양쪽에는 그 삼각형의 벽면을 치장하면서 집주인이 복을 누리고 오래살기를 기원하는 길상문을 수놓는다.

　강녕(康寧)은 5복인 수(壽), 부(富), 강녕(康寧), 유호덕(攸好德), 고종명(考終

경복궁 강녕전 합각의 '강' (동쪽)　　　경복궁 강녕전 합각의 '녕' (서쪽)

命)의 하나로 이 다섯의 중심이다. 건강한 삶을 누리고자 하는 소망이 깃든 길상문이다. 그 강(康)과 녕(寧) 두 길상문자가 왕의 침전인 경복궁 강녕전의 동서 양쪽 합각마루에 검정 전돌로 정방형 테두리를 두르고 아름답게 치장된 점이 눈에 들어온다.

지붕 합각의 삼각형 벽면 가운데에 강과 녕의 길상문을 두고 가장자리에는 뇌문을 둘러 글자를 치장했는데, 번개 치는 형상에서 유래한 뇌문은 선이 끊이지 않고 계속되는 구성으로 영구히 어이지는 복록을 의미한다. 그리고 합각의 꼭대기를 치장한 당초 문양의 곡선이 뇌문의 의미와 맞닿아 있다. 나머지 전체 바탕면은 바자문의 틀 안에 만자 형상이 반복되게 함으로써 지붕 합각 면의 치장도 담장의 꽃담보다 훨씬 정교한 기하학적 마감을 보여준다. 궁궐의 문양은 어느 곳 하나 비뚤없이 그 의미를 되새기고 있다.

창덕궁 희정당 합각의 '녕'

　그런데 강녕전의 '강녕' 두 글자가 창덕궁 희정당(熙政堂)의 합각에서
도 보이는데, 무슨 이유일까?

　현재의 창덕궁 희정당은 1917년 창덕궁 내전 일대를 불태운 화재로
1920년 경복궁 강녕전을 뜯어 옮겨 지은 건물이다. 강녕전을 창덕궁으
로 옮겨 지으면서 외형은 전통 형식으로 하고, 내부 구조는 근대식으로
변형되어 이름도 희정당으로 바뀌었으나, 강녕전이 지니고 있던 합각
마루는 그대로 지붕에 올라가 동서 양편으로 그 원래의 이름 '강녕'을
보여주고 있다.

● 기쁠 희(喜)

경사와 기쁨을 의미하는 문양

경사와 기쁨을 의미하는 희(喜) 자는 문양으로도 많이 사용된다. 특히 쌍희(囍)는 건물의 합각마루에 많이 장식되는데, 목숨 수(壽)와 마찬가지로 주로 외자로 꾸며진다. 기쁜 일이 겹쳐 일어나기를 바라는 집주인의 소망을 담고 있다.

경복궁 강녕전 연생전(延生殿) 합각마루에는 쌍희가 장식되어 있다. 내전이자 임금의 침전인 강녕전(康寧殿) 일곽에는 모두 다섯 채의 전각이 있는데, 그중 동소침을 연생전(延生殿), 서소침을 경성전(慶成殿)이라 부른다. 연생전과 경성전은 음양의 대치되는 개념으로 '연생(延生)'은 '생명의 기운을 맞이한다'는 뜻이고, '경성(慶成)'은 '완성함을 기뻐한다'는 뜻이다. 연생은 동쪽 즉 봄의 기운이고, 경성은 서쪽 즉 가을의 결실이다. 연생전 뒤쪽에 연길당(延吉堂)이 있고, 경성전 뒤쪽에 응지당(膺祉堂)이 있다. 두 이름 모두 복을 받아들인다는 의미이다.

정도전은 연생전과 경성전 이름을 지으면서 다음과 같이 그 의미를 해석했다.

● 태조 4년(1395) 10월 7일 2번째 기사
연생전과 경성전에 대하여 말씀드리면, 하늘과 땅은 만물을 봄에 낳게 하여 가을에 결실하게 합니다. 성인이 만백성에게 인(仁)으로써 살리고 의(義)로써 만드시니, 성인은 하늘을 대신해서 만물을 다스리므로 그 정령(政令)을 시행하는 것이 한결같이 천지의 운행을 근본하므로, 동쪽의 소침(小寢)을 연생전이라 하고 서쪽의 소침을 경성전이라 하여, 전하께서 천지의 생성(生成)하는 것을 본받아서 그 정령을 밝히게 한 것입니다.

궁궐 지붕 합각의 꽃담 치장은 그 전각의 용도와 명칭이 뚜렷한 경우 건물에 맞는 길상문으로 장식한다. 그리고 그 집을 에워싼 담장의 길상문도 같은 맥락으로 연결되는 길상문을 넣는다. 전체적으로 문맥을 살펴 길상문을 확인하는 경우가 대부분이지만, 전돌을 이용한 꽃담의 면 구성상 한자 획의 변형과 생략이 심하여 그 길상문의 원래 의미를 읽어 내기 어려운 경우가 많다. 더구나 근래에 훼손된 부분의 보수가 행해지는 시점에서 획의 오류로 인한 변형이 매우 심각허다. 따라서 궁궐의 길상문이 지니는 의미를 제대로 해독하여 밝히는 데는 앞으로 많은 연구와 검토가 필요한 실정이다.

경복궁 연생당 합각마루의 쌍희(囍)

● 만년장춘(萬年長春)

영원처럼 이어지는 청춘

만년장춘(萬年長春) 길상문의 경우 만년은 실제의 시간적인 햇수를 헤아리기 보다는 만년을 두고 길게 이어지는 봄을 늙지 않는 청춘으로 해석할 수 있다. 따라서 영원처럼 이어지는 젊음을 즐기고자하는 집주인의 소망을 꽃담에서 읽는다. 만년장춘은 경복궁 자경전 서쪽 바깥담에 남쪽에서 북쪽으로 배치되어 있다.

자경전 서쪽 바깥 담장은 일제강점기 어느 때 쯤에 수리가 있었을 것으로 추정되지만, 확실한 기록이나 근거 자료는 남아 있지 않다. 꽃담 전체의 길상문 연결 중 중간의 두 자가 없어지고, 그 부분은 꽃담 구조가 아닌 일반 벽돌 쌓기로 처리되어 길상 문구의 연결이 모호해진

상황이다.

　그러나 1900년대 초 궁궐을 찍은 유리건판의 자료 사진에 의하면 萬(만)과 歲(세) 두 글자와 그 가운데 있던 형상 문양(불수감)과 기하 문양이 없어진 것이 확인된다. 이를 근거로 자경전 담장의 전체 길상문을 읽어 보면 남쪽 방향에서 북쪽으로 낙(樂)·강(康)·만(萬)·세(歲)·만(萬)·년(年)·장(長)·춘(春)이다. 이를 해석하면, '즐겁고 건강하게 만세를 사시고 만년토록 봄날(청춘)을 누리소서'라고 축원한 것임을 알 수 있다.

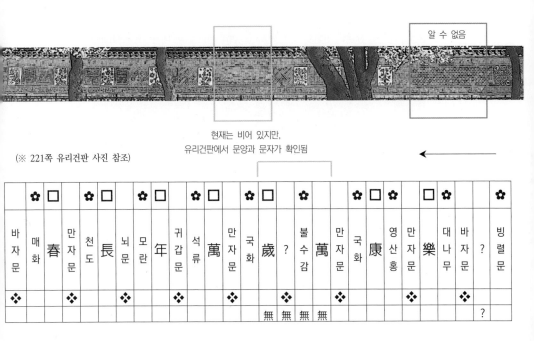

알 수 없음

현재는 비어 있지만,
유리건판에서 문양과 문자가 확인됨

(※ 221쪽 유리건판 사진 참조)

←

	✿	□	✿	□		✿	□		✿	□		✿	□	✿	□		✿		✿		✿	□	✿		□	✿		✿
바자문	매화	春	만자문	천도	長	뇌문	모란	年	귀갑문	석류	萬	만자문	국화	歲	?	불수감	萬	만자문	국화	康	영산홍	만자문	樂	대나무	바자문	?	빙렬문
❖			❖			❖			❖			❖				❖		❖			❖				❖		
														無	無	無	無									?	

❖ 형상 무늬　　❖ 기하 무늬　　□ 길상문자문　　無 훼손되어 비어 있음　　? 알 수 없음

● 현재 경복궁 자경전 꽃담의 형상 무늬, 기하 무늬, 길상문자문

길상문자 **낙(樂)**   대나무   바자문

길상문자 **강(康)**   영산홍   만자문

귀갑문   석류문   길상문자 **만(萬)**

회문   모란문   길상문자 **년(年)**

만자문   복숭아문   길상문자 **장(長)**

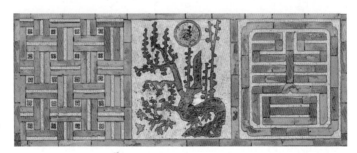

바자문   매화문   길상문지 **춘(春)**

● 만수무강(萬壽無疆)

굴뚝에 새긴 무병장수

덕수궁 함녕전 굴뚝이나 창덕궁 낙선재 굴뚝에서 볼 수 있듯이, 주로 굴뚝이나 건물 합각마루의 길상문에는 목숨 수(壽) 자가 자주 등장한다. 무엇보다도 경복궁 강녕전의 굴뚝이 인상적인데, 이 굴뚝은 교태전의 양의문 담 서쪽과 동쪽에 붙여 아름다운 꽃담 치장을 했다. 꽃담에는 만수무강(萬壽無疆), 천세만세(千世萬歲) 글자를 새겨 이 집에 사는 사람의 무병장수를 빌고 있다.

경복궁 전각의 굴뚝은 대부분 건물과 연결되는 행각의 담에 붙여서 설치하는 방식이다. 연도(煙道)를 땅 밑으로 숨겨서 연도의 길이를 연장하여 연기가 더 잘 빠져나가게 하는 구조다. 그을음으로 자칫 칙칙해

경복궁 강녕전 굴뚝 '만수무강'　　　경복궁 강녕전 굴뚝 '천세만세'
(양의문 서쪽)　　　　　　　　　　(양의문 동쪽)

보일 수 있는 구조물을 독립적으로 산뜻하게 처리하고 있다. 또한 그
표면의 길상문을 뇌문으로 둘러싸서 꽃담으로 치장한 미적 감각은 매
우 뛰어나다고 할 수 있다. 미처 길상문의 뜻을 모르더라도 획이 변형
된 글자 문양과 테두리를 두른 뇌문의 조화가 마치 현대적 감각의 추상
회화를 보는 듯 아름다운 선 구성을 보여준다.

색의
언어,
단청

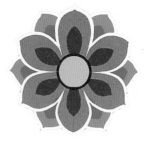

단청의 색상

단청(丹靑)이란 우리나라 전통 목조건물에 여러 가지 색으로 문양을 입혀 건물을 꾸미는 것을 말한다. 단청은 실질적으로 건축물의 보존을 위해 벽면이나 목재 구조의 표면에 칠을 하여 부식을 방지하고, 재질의 거친 부분을 감추기 위한 은폐의 목적으로도 사용된다. 궁궐 건축에 보이는 단청은 이러한 실질적 효과 외에도 건축물의 표면에 색과 문양으로 장엄을 하여 건물의 상징성을 드러내고 위계에 따른 위엄을 나타낸다.

《삼국사기》의 기록에 따르면, 신라에서는 성골(聖骨) 이상의 집에만 오채(五彩)의 치장이 허용되었음을 알 수 있다. 또한 경주 동궁(東宮) 월지(月池)에서 출토된 건축 부재와 암막새 끝에 칠해진 주칠(朱漆)이나 발굴된 단청 항아리에 녹색 안료가 포함된 것으로 보아 우리나라는 이미 삼국시대부터 궁궐 건축에 단청을 입혔음을 추정할 수 있다.

궁궐의 단청

단청의 기본이 되는 오방색은 동쪽, 서쪽, 남쪽, 북쪽, 중앙에 해당하는 다섯 방향의 의미와 상징을 색채 개념과 일치시켰다. 단청은 청색, 백색, 적색, 흑색, 황색의 오방색을 기본으로 오행(五行)의 질서를 나타내는 색의 언어이다. 단청의 색은 오방색을 기본으로 하고, 오방색을 섞어 간색을 만들어서 여러 가지 색으로 구성한다. 궁궐 단청에 가장 많이 쓰이는 뇌록은 쑥색과 비슷한데, 건물의 바탕에 가칠하여 목재를 보호하고 추후 단청을 올릴 때 여러 색상의 발산을 잡아주는 기본색이다.

색깔		방위	오행	계절	신수
靑		東	木	봄	청룡
白		西	金	가을	백호
赤		南	火	여름	주작
黑		北	水	겨울	현무
黃		中央	土		

뇌록			육색	장단+분	
양록			장단		
하엽	양록+먹		주홍		
삼청	군청+분		석간주		
군청			다자	석간주+먹	
황			먹		
황토			분		

단청의 종류

궁궐 건축물에 올리는 단청은 가칠단청, 긋기단청, 모로단청, 금모로단청으로 건물의 기능에 따라 격을 맞추는 문양을 구성하여 종류를 달리한다. 가칠단청은 건물에 뇌록과 석간주로만 칠하여 경건한 분위기의 단청으로 주로 사당이나 종묘 등 제례 공간에 사용한다. 가칠단청 위에 문양 없이 먹선과 분선(흰색)만 긋는 것이 긋기단청이다. 모로단청은 뇌록이나 석간주로 가칠한 직선형 부재에 좌우 3분의 1정도에 머리초 문양을 넣어 화려하게 구성하고, 금모로단청은 대들보처럼 긴 부재의 계풍(界風: 양 머리초 사이)에 금문(錦紋)을 넣어서 모로단청보다 더 화려하게 한 것이다.

가칠단청	
긋기단청	
모로단청	
금모로단청	

종묘 전의 가칠단청은 선이나 무늬를 그리지 않고 바탕색만을 칠하여 엄숙하고 품위 있는 단청을 보여준다.

경복궁 교태전 내부의 모로단청

궁궐 단청 문양의 구성

① 머리초

건물 부재에 따라 들어가는 단청 문양이 달라지는데, 궁궐에서 많이 볼 수 있는 단청의 구성은 머리초와 반자초가 대표적이다. 건물의 창방 평방 등 가로 직선 부재에는 주로 양쪽 끝에 머리초를 구성하고, 건물의 다포나 익공 등의 포작, 지붕의 연목(椽木: 서까래)이나 부연에도 머리초가 들어간다. 머리초는 들어가는 주문양에 따라 이름이 정해지며 휘를 써서 길이를 조절할 수 있다. 연꽃으로 주문양을 하면 연화머리초, 보상화를 중심으로 하면 보상화머리초, 붉은 쇠코형 주화인 경우 주화머리초로 부른다. 또 구성할 때 주문양과 반쪽 문양을 넣어 구성한 모양이 호리병 형태이면 병머리초라 하고, 주문양·반쪽 문양·다시 주문양을 반복하여 장구 형태를 만들면 장구머리초라 한다. 이처럼 머리초 명칭은 주문양(연화, 주화, 보상화, 모란)과 머리초 형태(병머리초, 장구머리초)를 결합하여 연화병머리초, 연화장구머리초 등으로 이름 붙였다.

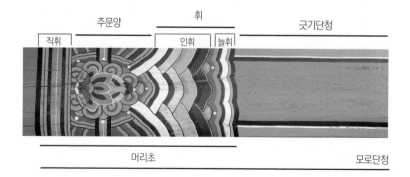

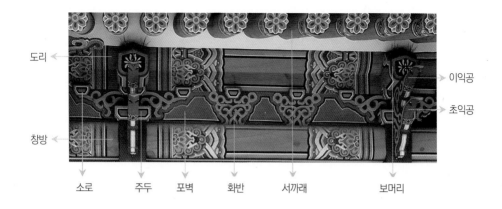

도리

이익공

초익공

창방

소로   주두   포벽   화반   서까래   보머리

● 궁궐 건축에서 많이 보이는 머리초

구분			문양	모양과 의미
머리초	문양 구성	병머리초		호리병 모양으로 된 머리초로 반원형의 반머리초와 둥근 온머리초로 구성함
		장구머리초		머리초는 좌우대칭으로 하고 장구 형태를 유지함
	문양 종류	주화머리초		꽃잎 네 장으로 이루어진 감꼭지 모양(주화문) 초
		연화머리초		연화문으로 구성한 머리초

서까래 부리의 육화연화문

(문화포털 소장)

개판의 방석초

(문화포털 소장)

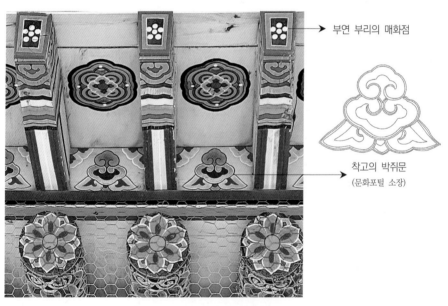

부연 부리의 매화점

착고의 박쥐문

(문화포털 소장)

경복궁 연생전 단청

경복궁 사정전 행각의 연화머리초

(문화포털 소장)

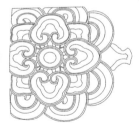

경복궁 사정전 행각의 쇠코머리초

(문화포털 소장)

② 휘

휘(暉)는 물건을 두르거나 감는다는 뜻을 가진 말이다. 단청의 머리초 문양은 휘를 넣어 길이를 조절하는데 휘는 1개, 3개, 5개 등으로 사용한다. 휘에는 직선형으로 만든 직휘, 비단 문양을 넣어서 구성한 금직휘, 주름만 주고 늘어뜨린 형태의 늘휘, 사람 인(人) 자의 모양의 인휘(人暉), 바구니 엮듯이 구성된 바자휘 등이 있다.

구분		모양	의미
휘	직휘		직선으로 넣은 휘
	늘휘		늘어진 형태의 휘
	인휘		사람 인(人) 자의 모양으로 구성된 휘
	바자휘		서로 교차하여 바구니 짜듯 구성된 휘

● 궁창의 여의두문

궁창이란 문짝 아래를 말하며, 여의(如意)란 고승이 설법이나 법회 등을 할 때 손에 들어 권위를 상징하는 의식 도구이다. 한자의 마음 심(心) 자를 전서체로 표현한 구름 모양의 머리장식을 붙여 만들었기 때문에 '여의'란 곧 '마음'을 상징하며, 그 모양은 '구름'으로 나타냈다. 글자 뜻 그대로 "모든 것이 뜻과 같이 된다"는 의미를 지니고 있다.

창덕궁 희우루 궁창의 여의두문

황궁우 궁창의 여이두문

③ 반자초

건물 내부 천장의 반자틀을 정(井) 자형으로 짠 우물반자에 넣은 문양을 반자초라 한다. 반자초는 건물의 용도나 주인에 따라 문양을 구성하기 때문에 반자의 문양만 보아도 건물의 기능과 주인을 파악할 수 있다. 왕의 정무 공간에는 용문 또는 봉황문과 연화문를 기본으로 하고 왕과 왕비의 침전에도 용문과 봉황문을 사용했는데, 그 외의 공간에는 건강과 안녕을 기원하는 길상문(壽·福·康·寧·囍)과 박쥐문을 혼용하여 구성하였다. 반자대가 서로 직교하는 중심부에 그려진 것을 특별히 종다라니초라고 한다.

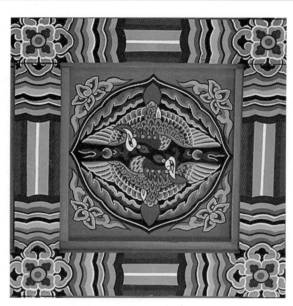

경복궁 근정전 중앙 반자의 봉황문 반자초

창경궁 통명전의 주화문(감꼭지문) 종다라니초 _(문화포털 소장)

창경궁 통명전 우물반자의 연화문과 종다라니의 주화문

● 전각의 다양한 단청 문양

경복궁 강녕전 반자의 봉황문

경복궁 교태전 반자의 용문

창덕궁 영화당 반자의 파련화문

창경궁 양화당 반자의 박쥐문과 길상문 '수(壽)'

덕수궁 준명전 반자의 길상문 '수(壽) 복(福)'

창덕궁 대조전 반자의 용문과 주화문 송나라니

궁궐
편액의
전통
문양

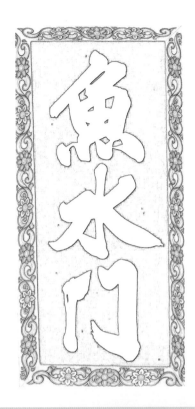

6

궁궐의 편액 문양

　　　　궁궐의 전각이나 문 이름을 쓴 편액의 변(邊: 테두리)
에는 여러 가지 길상 문양이 그려져 있다. 큰 문 위에 걸리는 현판은
대부분 연꽃과 당초 문양이나 칠보 등 상서로운 문양으로 현판의 테두
리를 장식하고, 작은 정자나 문의 경우는 당초로 장식하거나에 장식 없
이 글만 쓰기도 한다. 길상 문양은 본래 그 형상이 가지고 있는 상서로
움이나 속성에 의해 취해지는 경우가 있고, 그 속성과는 상관없이 어떤
길상 문구를 이루고 있는 글자의 발음과 유사한데서 길상의 상징으로
차용하는 경우도 있다. 예를 들면 필정승관(必定昇官: 반드시 관직에 오른다)
이라는 길상 문구와 발음이 비슷한 필(筆: 문방구), 정(錠: 은쾌), 생(笙: 생황),

창덕궁 돈화문 편액

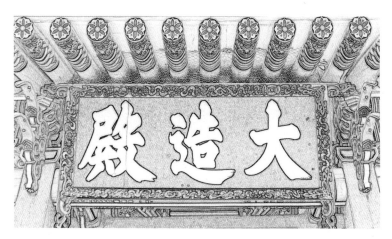

창덕궁 대조전 편액

관(冠: 관모)을 그리는 것이다.

편액 장식에 많이 쓰이는 문양은 암팔선(暗八仙)과 칠보(七寶)이다. 암팔선은 도교의 신선이 지닌 지물(持物)을 말하고, 칠보는 진주, 방승(方勝), 경(磬), 서각, 서책, 애엽, 전(옛날 돈) 등으로 상서로운 의미를 나타내는 물건이다. 궁궐의 문양으로 도교적인 요소가 많이 보이는 것은 당시 사람들의 자연관에 기인한 것으로 파악할 수 있다.

궁궐 중요 전각의 편액 문양은 연꽃과 초화 덩굴로 장식하거나 암팔선이나 칠보를 많이 쓰고, 네 귀퉁이에는 복을 상징하는 박쥐 문양을 그린다. 편액 테두리 장식에 많이 그리는 연꽃의 꽃 형태는 여섯 잎이나 여덟 잎으로 그리고 이를 육화(肉花)라고 불렀다. 그밖에 칠보에 들어가지 않지만 편액에 그리는 문양으로 구름, 연환(連環), 서화 두루마리, 거울, 동기(銅器), 부채, 영시, 여의 등이 있다.

그중 부채는 신선들이 가지고 있는 물건으로 '선(扇)'과 '선(仙)'의 발음이 같기 때문에 선계의 상징으로 여겼는데, 파초잎은 신선이나 재상이 쓰는 파초선에 비유되어 최고의 영예와 권위를 뜻한다. 경(鏡)은 선사시대부터 주술적인 의기로 쓰였던 거울로 물체의 형상을 비추고 그 빛으로 음귀를 물리친다는 벽사의 의미가 있다. 그리고 또 편액 장식에서 빠지지 않는 넓은 띠 모양의 천의(天衣) 자락은 다른 문양을 감싸는 구름처럼 생긴 띠로 바람에 날리는 형상으로 그려진다. 선녀의 천의를 연상시키는 이 띠는 길상물에 상서로운 기운을 불어넣고 여백을 메우는 장식으로 사용된다. 궁궐 편액은 위계가 높은 전각에 걸었던 사변형(四邊形), 부속 건물에 주로 설치한 모판형(木盤形)과 궁양형(弓樣形), 문에 많이 사용한 편현판(片懸板) 등이 있다.

파초잎 모양의 창덕궁 후원 관람정 편액

봉

알판

테두리

殿政勤

겹테두리 장식

藥房

창덕궁 궐내각사 안의 약방 편액

편액 테두리의 칠보 문양

도교적 의미를 담은 칠보 문양의 종류를 살펴보자.

① 진주: 구슬 모양의 보배로 고귀함과 복을 상징한다.

② 방승: 경사스러운 일에 사용되는 보자기의 네 귀에 다는 금종이로 만든 마름모꼴 장식에서 유래했다. 방승은 두 개의 능형이 서로 연결되어 있는 것은 마음을 함께 하여 떨어지지 않는다는 의미를 지니고 있다. 방승처럼 고리가 서로 엮인 형태의 연환은 좋은 일이 지속되어 단절되지 않는다는 것을 의미하고, 아홉 개의 원을 머리와 꼬리가 서로 연쇄되도록 한 구련환(九連環)은 최대의 길상이다.

③ 경(磬): 경은 옥이나 돌로 만든 '人'자 모양의 고대 악기이다. 발음이 '경(慶)'과 같기 때문에 경사스러움을 상징하고, 그 소리를 귀하게 여겼다.

④ 서각(犀角): 서각은 무소의 뿔을 말하는데, 예부터 서각으로 술잔을 만들어 매우 귀하게 사용하던 것으로 다복(多福)을 상징한다.

⑤ 서책(書冊): 책이나 두루마리(서화) 모양을 형상화한 것으로 타고난 복과 벼슬을 의미하고 발음을 빌려서 서상(瑞祥)을 뜻한다.

⑥ 애엽(艾葉): 약쑥의 잎은 예부터 약재로 사용되었기에 장수를 의미하며, 불을 붙일 때 잎을 썼기 때문에 더욱 귀중하게 여겼다.

⑦ 전(錢): 돈을 형상화 한 것으로 복(福)을 상징한다. 엽전의 모양이 겉 둘레는 둥글고 가운데에 네모난 구멍이 있는 모양인데, 이는 천원지방(天圓地方), 하늘은 둥글고 땅은 네모진 것을 의미한다.

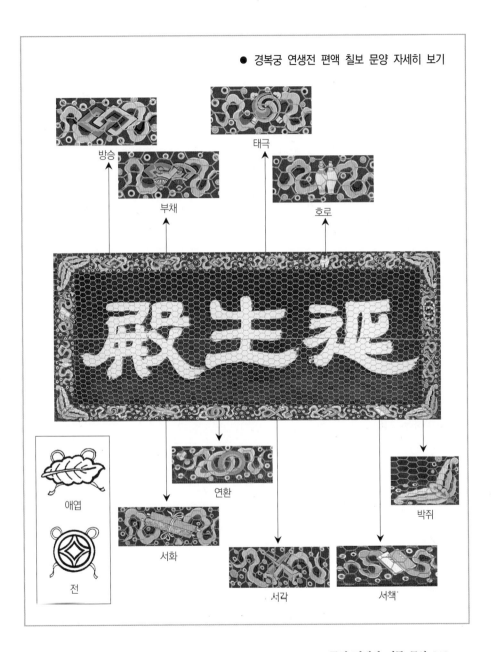

● 경복궁 연생전 편액 칠보 문양 자세히 보기

방승

태극

부채

호로

애엽

전

연환

서화

서각

서책

박쥐

여덟 신선의 지물, 암팔선의 문양

중국의 고사에 등장하는 팔선(八仙)이 우리 궁궐 건축에 직접 등장하는 경우는 드물지만, 팔선이 지니고 다니는 지물(持物)인 암팔선(暗八仙)은 궁궐 편액이나 단청 등 건축의 장식 문양으로 많이 보인다. 궁궐에 관련된 장식이나 그 당시 사람들의 개념을 이해하는 데는 팔선이 들고 다니는 지물의 의미를 알아야 한다.

도를 닦아 신선이 되어 장생불사하였다는 여덟 명의 신선은 이철괴(李鐵拐), 하선고(何仙姑), 조국구(曹國舅), 장과로(張果老), 종리권(鍾離權), 남채화(藍采和), 한상자(韓湘子), 여동빈(呂洞賓)이다. 이들 팔선의 지물만 문양으로 표현한 것을 암팔선이라 한다. 즉 이철괴의 호로(胡蘆), 하선고의 연꽃 또는 조리(笊籬), 조국구의 음양판(陰陽板), 장과로의 어고(魚鼓), 종리권의 부채(파초선), 남채화의 꽃바구니, 한상자의 횡적(橫笛, 피리), 여동빈의 보검(寶劍)이 있다. 그리고 암팔선으로 표현된 그림은 곧 팔선의 존재를 의미하는 길상으로 쓰였다.

❶ 이철괴: 서왕모의 깨우침으로 종남산에서 수도하여 일찍이 도통하여 신선이 되었다. 항 상거지의 형상으로 호리병을 들고 지팡이에 기댄 모습인데, 이철괴의 호리병에는 신비의 영약이 들어 있어서 장수, 의약, 자손 번성을 의미한다.

❷ 여동빈: 관직(官職)을 버리고 은거하여 도를 닦다가 종리권을 만나 도를 깨우치고 나이 쉰에 신선이 되었다. 항상 등 뒤에 검(劍)을 꽂고

다닌다.

❸ 종리권: 팔선 중의 우두머리로 죽은 사람의 영혼을 소생시키는 파초선(芭蕉扇)을 들고 있으며 살찐 모습으로 배를 드러내고 있다.

❹ 장과로: 긴 백발 수염에 대나무 통 비슷한 어고(魚鼓)를 들고 있고 항상 흰 노새를 거꾸로 타고 다니는데, 그 노새는 그를 어디든 데려다 준다.

❺ 조국구: 송나라 인종의 친척으로 입산 수행을 하던 중에 종리권과 여동빈을 만나 득도(得道)하게 되었다. 점잖은 관복 차림에 손에는 음양판(陰陽板)을 들고 있다. 음양판은 옥판(玉板)이라고도 부르며, 죽은

〈요지연도〉에 그려진 팔선 중 종리권과 남채화
(국립중앙박물관 소장)

사람 위에 치면 죽은 사람이 살아난다고 한다.

❻ 한상자: 여동빈과 친했는데, 여동빈이 가져다준 복숭아나무에 올라갔다가 떨어져 신선이 되었다고 한다. 피리를 불고 있거나 들고 있다.

❼ 남채화: 여성 혹은 여장(女裝)을 한 젊은 남자나 어린이 같은 모습으로 나타나며 성별은 불명확하다. 한쪽 발은 신을 신고 다른 쪽 발은 신을 신지 않은 모습으로 언제나 꽃바구니를 들고 다닌다.

❽ 하선고: 천도를 먹고 선녀가 되었다. 연꽃을 손에 들고 나타나는데 가끔 떠다니는 연잎에 앉은 아름다운 여인으로 그려진다.

● 〈요지연도〉의 팔선 (국립중앙박물관 소장)

서왕모의 초대를 받아 곤륜산 요지를 향해 가는 신선들 (성별은 그림에 따라 다를 수 있다.)

● 암팔선

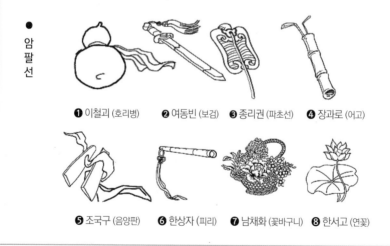

❶ 이철괴 (호리병)　　❷ 여동빈 (보검)　　❸ 종리권 (파초선)　　❹ 장과로 (어고)

❺ 조국구 (음양판)　　❻ 한상자 (피리)　　❼ 남채화 (꽃바구니)　　❽ 한서고 (연꽃)

중국 고대 전설 속의 신선 서왕모는 곤륜산 요지(瑤池)에 살고 있다. 서왕모의 정원에는 3천 년에 한 번씩 열린다는 복숭아나무가 자라는 반도원(蟠桃園)이 있어서 그 열매가 열리는 시기가 되면 신선들을 초대하여 잔치를 했다고 한다. 〈요지연도〉는 서왕모가 주나라 목왕(穆王)을 초대해 연회를 베푸는데, 연회에 초대받은 불보살과 신선들의 모습이 그려져 있다. 서왕모는 봉황 장식이 달린 오량관(五梁冠)을 쓰고 중앙에 앉아 있다.

참고문헌

■ 인터넷

고건축용어, http://www.archidom.co.kr/yard/

국립고궁박물관, ttps://www.gogung.go.kr/greeting.do

국립민속박물관 한국세시풍속사전, http://folkency.nfm.go.kr/sesi/

국립중앙박물관, https://www.museum.go.kr/

네이버백과, https://terms.naver.com/

다음백과, https://100.daum.net/encyclopedia/

서울대학교규장각한국학연구원, http://e-kyujanggak.snu.ac.kr/

위키백과, http://ko.wikipedia.org/

조선왕조실록, http://sillok.history.go.kr/

한국건축역사학회, http://www.kaah.or.kr/main/index.htm

한국고전번역원, http://www.minchu.or.kr/itkc/Index.jsp

한국고전종합DB, https://db.itkc.or.kr/search/

한국민족문화대백과사전, http://encykorea.aks.ac.kr/

한국브리태니커 온라인, http:// preview.britannica.co.kr/

한옥문화원, http://www.hanok.org/docdata2.htm

■ 단행본

곽동해, 《한국의 단청》, 학연연구사, 2003

국립중앙박물관, 《신라와전》, 2008

국립중앙박물관, 《영원한 생명의 울림, 통일신라조각》, 2009

국립중앙박물관, 《초상화의 비밀》, 2011

국립중앙박물관, 《길상》, 2012

국립중앙박물관, 《이슬람의 보물》, 2013

김영모, 《알기 쉬운 전통조경시설사전》, 동녘, 2012

김왕직, 《알기 쉬운 한국건축용어사전》, 동녘, 2007

문화재청, 《궁궐의 현판과 주련2 창덕궁, 창경궁》, 수류산방, 2007

문화재청, 《조선의 궁궐과 종묘》, 눌와, 2010

문화재청, 《한국의 세계유산》, 눌와, 2007

문화재청 창덕궁관리소, 《일본궁내청 소장 창덕궁 사진첩》, 2006

서울역사편찬원, 《경복궁영건일기》, 2019

신명호, 《조선왕실의 의례와 생활: 궁중문화》, 돌베개, 2002

신영훈, 《한옥의 미학》, 한길산문정신, 1985

유본예(권태익 역), 《한경지략》, 탐구당, 1975

이상희, 《꽃으로 보는 한국문화 3》, 넥서스BOOKS, 2004

이향우, 《궁궐로 떠나는 힐링여행 경복궁》, 인문산책, 2013

이향우, 《궁궐로 떠나는 힐링여행 창덕궁》, 인문산책, 2013

이향우, 《궁궐로 떠나는 힐링여행 창경궁》, 인문산책, 2014

이향우, 《궁궐로 떠나는 힐링여행 덕수궁》, 인문산책, 2014

이향우, 《종묘로 떠나는 힐링여행》, 인문산책, 2016

정양모, 《너그러움과 해학》, 학고재, 1998

정재훈, 《한국의 옛조경》, 대원사, 1993

정종미, 《우리 그림의 색과 칠》, 학고재, 2001

조선일보사, 《중국국보전》, 2007

조정현, 《꽃담》, 대원사, 1990

한국학중앙연구원, 《왕과 국가의 회화》, 돌베개, 2013

한석성, 《우리 단청》, 현암사, 2004

허균, 《전통미술의 소재와 상징》, 교보문고, 2001

■ 참고 자료

윤지영, 《단청문양과 색채에 관한 연구》, 대구가톨릭대학교대학원 석사학위논문, 2001

문화재청, 《경복궁 자경전 및, 자경전 십장생굴뚝 실측조사보고서》, 2010

문화재청, 《창덕궁 희정당, 대조전 영역 활용프로그램 개발연구》, 2017

문화재청, 《창덕궁, 희정당 신관 실측 수리 보고서》

장영기, 《조선시대 궁궐장식기와의 기원과 의미》, 국민대학교대학원 석사학위논문, 2004

주남철, 《한국의 목조건축》, 서울대학교출판부

홍창원, 《창덕궁 대조전 단청 현황》, 동국대학교 교육대학원 석사학위논문, 1993